江苏省高校哲学社会科学研究项目“社会资本对新型职业农民创业机会识别影响研究——基于资源获取的中介效应”（2017SJB230）
要素流动视角下苏州实施乡村振兴战略案例分析（2018jjxm009)

苏·区·振·兴·智·库

革命老区农垦改革与实践
——以江西为例

张明林 周荣华 黄 山◎著

REFORM AND PRACTICE OF STATE FARMS IN OLD REVOLUTIONARY AREAS
—TAKING JIANGXI AS AN EXAMPLE

经济管理出版社
ECONOMY & MANAGEMENT PUBLISHING HOUSE

图书在版编目（CIP）数据

革命老区农垦改革与实践：以江西为例/张明林，周荣华，黄山著．—北京：经济管理出版社，2018. 11

ISBN 978 – 7 – 5096 – 6125 – 3

Ⅰ. ①革…　Ⅱ. ①张…②周…③黄山…　Ⅲ. ①农垦地区—经济改革—研究—江西　Ⅳ. ①F327. 56

中国版本图书馆 CIP 数据核字(2018)第 252975 号

组稿编辑：丁慧敏
责任编辑：丁慧敏　张广花
责任印制：司东翔
责任校对：王纪慧

出版发行：经济管理出版社
（北京市海淀区北蜂窝 8 号中雅大厦 A 座 11 层　100038）
网　　址：www. E – mp. com. cn
电　　话：(010) 51915602
印　　刷：北京玺诚印务有限公司
经　　销：新华书店
开　　本：720mm × 1000mm/16
印　　张：10. 5
字　　数：172 千字
版　　次：2018 年 11 月第 1 版　　2018 年 11 月第 1 次印刷
书　　号：ISBN 978 – 7 – 5096 – 6125 – 3
定　　价：48. 00 元

目　录

理论篇

实践篇

案例篇

理论篇

第一章　农垦企业发展与改革历程

第一节　农垦基本概况

一、基本概念

1. 农垦

农垦指农业垦殖，也指开垦荒地，以便进行农业生产。我国农垦是通过组织人力进行大规模农业开垦、农业基础建设，从而达到农业生产的目的。我国农垦是一个有1200万人的经济社会系统，由于历史上形成的体制方面的原因，农垦的社会负担和历史包袱沉重，每年全系统社会负担达60多亿元。农垦企业属于国有农业经济，其开发的方式侧重机械化和现代化，与现代大农业之间的关系紧密。

2. 屯垦

屯垦就是驻扎军队垦荒。《明史·费瓛传》："以凉州多闲田，请给军屯垦。"《清史稿·食货志一》："罪徒当遣者，限年屯垦，已事释还。"郭沫若《李白与杜甫·李白与杜甫在诗歌上的交往》：在唐代就有人围湖作圩以事屯垦。从广义的角度上说，屯垦是指国家将军队和居民安置在有屯营的地方，大规模地开垦荒地并开展各项经济社会开发建设事业，以保障国家的稳定和繁荣。

3. 农垦与屯垦的区别

农垦和屯垦在概念上存在差异。屯垦强调军队建设和保障国家稳定安全，将政治性和社会性目标紧密结合起来。而农垦则侧重于使用先进的技术手段从事农业开发，更具经济性。

二、我国农垦企业的基本类型

根据农垦和新时期国有农场发展的实际情况，可分为以下五个类型：

1. 粮食供给型

该类型农垦企业对保障国家粮食安全具有突出贡献，具体包括两类：其一是以保障粮食安全为主要目标和方向，如黑龙江垦区等战略安全型垦区；其二是在抓好以农为主的经济建设的同时，肩负起维护边疆社会稳定、维护边疆政治安全的重大历史使命，如新疆生产建设兵团。

2. 资源供给型

根据各地资源发展有特色的主导产业，在主导产业不断壮大的过程中形成的垦区。例如，海南垦区逐渐形成了以保障国家天然橡胶资源安全供给为主要目标的垦区。随着国内外形势的变化，发展区域经济、改善民生成为了首要任务。该类垦区应加快完成战略转型，如海南垦区、广西垦区等。

3. 产业化带动型

该类垦区依靠农垦资源、人才、组织、技术优势，大力发展产业生产，拓宽产业链，增加附加值，发展现代农业，是新时期农业先进生产力的代表。该类垦区要继续争做现代农业和转变农业发展方式的“排头兵”，如上海垦区等。

4. 合作开发型

该类垦区主要依靠农业或非农业资产的合作开发。相对于农垦农业的优势而言，农垦土地等其他资产具有更大优势。该类垦区今后的工作重点是以工补农，高起点发展都市农业、现代农业，促进融合发展，如江苏垦区、浙江垦区等。

5. 发展约束型

该类垦区的各种优势没有得到充分发挥，农业生产力不高，职工增收困难，财政包袱较重。该类垦区今后的工作重点是努力推进改革，促进经济转型，如青海垦区、贵州垦区等。

第二节　中华人民共和国成立以来的农垦发展与改革

中华人民共和国成立以来，我国农垦事业得到快速发展，经历了初创、高速发展、曲折前行、改革探索、全面推进、攻坚等一系列阶段，具体如下：

一、农垦初创阶段（1949～1956年）

在中华人民共和国成立初期，各行业百废待兴。因此为了各项事业能够有所发展，原中央人民政府人民革命军事委员会决定调动军队力量大力发展农业。1950年1月，新疆军区司令员在新疆开展大生产运动，动员指战员积极响应号召，挺进天山脚下，创建新型军垦农场。

1951年8月，政务院发布《关于扩大培植橡胶树的决定》，11月由叶剑英同志兼任华南垦殖局局长。1952年3月，由2万多名官兵组建的林业工程第一师、第二师和一个独立团，远赴海南、湛江、合浦等地，创建橡胶农场。

1954年，王震同志两次赴虎林、饶河考察，开始了北大荒农场创建工作。余有清带领复员转业军人前往虎林地区建设国营农场。1955年，铁道兵中9个师的复员转业军人奔赴北大荒建设农场。

这样，全国各省、市、区，从沿海到内陆，在江、河、湖畔，平原，荒山乃至荒漠地区陆续开荒造田，创建国营农场。1952年，国营农场管理总局正式成立，进一步加强开荒建场工作的领导和管理。到1956年底，中国的农垦事业初步形成并渐具规模。与1949年相比，国营农场由58个增加到746个，增长了近12倍；耕地面积由34040公顷扩大为251840公顷，增长了近6.4倍；职工人数由8570人增加到43.03万人，增长了约49倍；工农业总产值由725.3万元增长为3.6亿元，增长了近48.6倍；粮豆总产量由1.5万吨增长为73.53万吨，增长了近48倍。

二、高速发展阶段（1957～1966年）

1957～1966年是农垦事业飞速发展的10年。1957年2月，农垦部邓子恢同志代表党中央、国务院召开了第一次国营农场工作会，会中作了题为《几年来国营农场、牧场的巨大成就和今后的基本任务》的报告。1958 年 2 月，中华人民共和国国防委员会发出《关于动员十万干部转业复员参加生产建设的指示》。3 月，中共中央通过《关于发展军垦农场的意见》，一方面肯定了军垦在维持社会治安、巩固国防方面的作用；另一方面强调农垦在安置转业复员军人、解决劳动就业方面的重要作用。1958 年 8 月，中共中央作了《关于动员青年前往边疆和少数民族地区参加社会主义建设的决定》，倡导 570 万青年赴边疆地区开展农垦建设工作。到 1958 年春，许多转业复员军人、支边青年及知识青年怀揣着理想，带着无限的热情，从祖国的四面八方，汇入垦荒大军的滚滚洪流中。到 1966 年，在全国范围内建成国营农场 1958 个，比 1956 年增加了 1212 个，增长约 61.55%；拥有职工 292.77 万人，比 1956 年增加近 250 万人，增长 17.11%；粮豆总产量 427.92 万吨，比 1956 年增长约 482%；棉花总产量 5.98 万吨，比 1956 年增长 286.9%；干胶总产量达 2.33 万吨，比 1956 年增长 148.4 倍。

三、曲折前行阶段（1967 ~ 1977 年）

“文化大革命”给农垦业造成了严重灾难。之后，知识青年到农村，接受贫下中农再教育，因此，各地的知识青年约 200 多万人奔赴农场参加农垦建设工作。随着知识青年的到来，农场职工人数大幅度增加，由 1965 年的 260 万人增加到 1976 年的近 500 万人。大批知识青年来到农场，为生产建设注入了新的活力。但是，城市青年的基数过大，使得农场没有承担负荷的能力，也没有足够的能力去安置人员并扩大规模，致使劳动生产率显著下降。

四、改革探索阶段（1978 ~ 1991 年）

“文化大革命”结束后，农垦业拨乱反正，进入改革发展重要时期。这一阶段改革的核心是放权让利，充分调动企业职工的参与热情，使企业发展由单一向多元转变，由自上而下到多元化探索，具体包括如下三点：

其一，实行工商综合经营。为大力发展农垦经济，1978 年，国务院决定在农垦系统开始试办农工商联合企业，实行农工商综合经营。这项改革使农场从根本意义上实现了从单一向多元化的转变。农垦经济从此步入第一、第二、第三产业全面发展的新里程。到 1991 年，全国农垦二三产业在农垦生产总值中的比重从改革开放初期的 42.0% 上升为 54.4%。

其二，实行财务包干。1979 年，国家对农垦企业实行“独立核算，自负盈亏，亏损不补，有利润自己发展生产，资金不足可以贷款”的财务包干办法。这项改革突破了农垦企业统收统支的财务管理体制，重新规范了国家与农垦企业的分配关系，调动了企业改善管理、发展生产、提高效益的积极性，增强了农垦自我积累、自我发展的能力。实行财务包干当年，全国农垦就由上年亏损9000多万元转为盈利。

其三，兴办职工家庭农场。1983年，全国农垦在推行“包、定、奖”的基础上，借鉴农村改革经验，全面兴办职工家庭农场。这项改革突破了国有农场传统的农业经营制度和分配制度，改变了农业职工吃农场“大锅饭”状况。在兴办家庭农场过程中，问题层出不穷，针对此类现象，具体问题具体分析，形成了大小农场双轨经营体制。

总体来说，农垦改革使农垦企业和职工的积极性空前高涨，生产力大幅度提高，经济发展呈现出从未有过的生机与活力。然而，农垦经济发展的深层次矛盾和困难依然存在，提升农垦企业运行效率的任务远未结束。

五、全面推进阶段（1992~2002年）

20世纪90年代初，党的十四大关于建立社会主义市场经济体制的提议为农垦改革进一步指明了方向。全国农垦虽然经过前一阶段以放权让利为重点的改革，生产力得到很大的发展，但是，与市场经济不匹配的农垦企业发展过程中出现的政企不分、产权不清、社会负担过重等深层次矛盾日渐暴露。1997年，农垦开始进入长达五年的亏损徘徊期。面对巨大的困难和压力，全国农垦按照建立社会主义市场经济体制的方向推进各项改革，具体如下：

其一，大力推进“三项制度”改革。1992年，农业部针对农垦企业在干部制度上的“铁交椅”、用工制度上的“铁饭碗”和分配制度上的“大锅饭”问题，在全国农垦全面实施了干部聘任制、全员劳动合同制和劳动报酬与工效挂钩的“三项制度”改革。全国农垦在深化企业经营机制改革上的重大创新，为企业建立用人、用工和收入分配上的竞争机制起到了重要的促进作用。

其二，对职工家庭农场全面实行“四到户”和“两自理”。全国农垦虽然在1983年就开始兴办职工家庭农场，但有的农场还存在因长期帮助职工家庭农场和承包户垫付生产、生活费用而造成的“盈利归个人、亏损归农场”的问题。针对这一情况，1994年，原农业部明确要求，推动土地承包到户，在规定范围内全面推进承包到户的进程，确保土地承包到户、核算到户、盈亏到户、风险到户和生产费、生活费由其进行自理的“四到户”和“两自理”。

其三，实施“三百工程”。1994 年，根据党的十四届三中全会精神，全国农垦启动“三百工程”试点，即将百家左右的国有农业企业作为测试点，以此组建农业企业集团。这是在我国由计划经济向市场经济转轨的过程中，为解决农垦企业政企不分、产权不清、自主权不落实、自我约束机制不健全等问题而采取的一项重要举措。

其四，推进垦区管理体制改革，从行政管理向集团化、公司化过渡。党的十四大以后，各垦区在推进企业的市场化进程中，越来越感到垦区传统的管理体制对企业改革的制约。1995 年，农业部针对垦区管理体制改革相对滞后的问题，按照党的十四大提出的建立社会主义市场经济体制的新要求，对农垦管理体制提出了“逐步弱化行政职能，加快实体化进程，积极向集团化、公司化过渡”的改革思路，垦区管理体制改革从此全面启动，农垦改革也从企业层面深入到管理体制层面。到 2001 年，全国农垦有条件转为企业集团的 17 个省（自治区、直辖市）级垦区已全部按照这个方向进行了改革。

其五，调整国有经济布局。党的十五大以后，全国农垦积极按照中央提出的“抓大放小”方针，大力推进国有经济布局调整，对场办第二、第三产业企业进行了大规模的重组整合，取得了显著成效。1998 ~ 2001 年，全国农垦有 6000 多家场办企业实施了出售、破产、兼并，止住了国有企业亏损的“出血点”。与此同时，垦区非国有经济在参与国企改革的过程中得到了全面发展，经营单位发展到 34.66 万个，从业人员达 129.74 万人，人均年收入达 8255 元，比职工年平均工资高 2596 元。非国有经济实现农垦生产总值 223.69 亿元，占农垦经济的比重达到 28.5%。以国有经济为主体，多种所有制经济共同发展的格局基本形成。

六、农垦攻坚阶段（2003 年至今）

10 多年来，农垦改革步伐没有停歇。当前面临任务非常艰巨，改革难度不断提升，改革进入深水区，具体包括如下四点：

第一，要完善职工养老保险制度，由企业单项承担转变为国家、企业、职工个人共同承担。全国农垦根据国务院关于企业职工养老保险制度改革的精神，在垦区内部建立了养老保险系统统筹等新的保险制度，部分垦区和农场还参加了当地养老保险社会统筹。2003 年末，农垦实行系统统筹的单位有 172 个，参加统筹的在职职工和离退休职工有 256.7 万人。

第二，继续深化垦区管理体制改革。集团垦区按照“产业化、集团化、股份化”的要求，加快了对集团母公司和产业化专业公司的公司制改造和资源整合，逐步将国有优质资产集中到主导产业上，形成了一批有较强竞争力的大公司、大集团，成为农垦经济的核心竞争力。

第三，深入推进农业经营体制改革。确立以家庭农场为基础、统分结合的农业经营制度。着力对土地承包制度、土地流转制度、农业税费制度和承包合同制度等进行规范，加强农业职工负担监管，积极探索租赁经营、股份合作经营和股份制公司等多种经营形式。

第四，进一步推进经济结构改革。农垦坚持在国有经济布局调整过程中使没有市场前景、没有资源或缺乏竞争力的国有第二、第三产业企业，在兼并、破产、资产重组中退出市场。将国有优质资产向垦区主导产业和优势产业集中。鼓励非国有制经济根据其条件和需要进入垦区三次产业的各个领域，参与国有企业的产权改革。

第三节　农垦在国家发展中的特殊地位和重要作用

一、农垦为我国经济社会发展做出了重要贡献

农垦是在特定历史条件下为承担国家使命而建立的，经过 60 多年的艰苦创业，建设了一批现代化的国有农场和重要农产品生产基地，形成了组织化程度高、规模化特征突出、产业体系健全的独特优势，锤炼出“艰苦奋斗、勇于开拓”的农垦精神，为保障国家粮食安全、支援国家建设、维护边疆稳定做出了重大贡献。特别是近年来，农垦改革稳步推进，现代农业快速发展，大型农业企业迅速成长，整体经济实力显著增强，成为国家在关键时刻抓得住、用得上的重要力量。但同时也要看到，农垦还存在管理体制尚未完全理顺、经营机制不活、社会负担重、政策支持体系不健全、部分国有农场生产经营困难等问题，迫切需要进一步深化改革，促进农垦事业持续健康发展。

二、农垦是中国特色农业经济体系不可或缺的重要组成部分

经过多年的改革发展，农垦与农村集体经济、农户家庭经济、农民合作经济等共同构成了中国特色农业经济体系。这是我国以公有制为主体、多种所有制经济共同发展的基本经济制度在农业农村领域的重要体现，是农业农村发展不断取得巨大成就的基本保障，符合我国国情、农情和市场经济发展要求，必须长期坚持并不断完善。农垦农业生产力先进，在现代农业建设中具有独特优势，大力发展农垦经济，对于带动农业农村多种所有制经济共同发展、坚持和完善我国基本经济制度、巩固党的执政基础，具有重要意义。

三、新形势下老区农垦承担着更加重要的历史使命

当前和今后一段时期，我国农业发展资源环境约束将不断加大，国际农业竞争日趋激烈，保障国家粮食安全和重要农产品有效供给的任务更加艰巨，维护边疆和谐稳定的形势更加复杂。农垦农业生产经营规模化水平较高，综合生产能力强，农产品商品率高，科技成果推广应用、物质装备条件、农产品质量安全水平、农业对外合作等走在全国前列，一些国有农场位于边境地区，在国家全局中的战略作用更加突出。必须适应新形势、新要求推进农垦改革发展，努力把农垦建设成为保障国家粮食安全和重要农产品有效供给的“国家队”、中国特色新型农业现代化的示范区、农业对外合作的“排头兵”、安边固疆的“稳定器”。

第二章　推进农垦体制改革的理论基础

第一节　农垦改革必须解决的三个经济学问题

一、农垦企业“所有者虚置”问题

经济学中所指的“所有者虚置”问题，不是说没有法律上和形式上的所有者，而是指这样的“所有者”不能切实担负起应有的责任。所有者虚置是中国市场化改革进程中国家所有制公司化改革的难题。农垦国有资本不确定由谁负责，农垦企业破产没有人承担责任，人们通常把此种现象归结为所有者缺位和虚置。

近年来，许多农垦企业亏损，人们对农垦企业的领导人是否存在明确的盈利动机表示深刻的怀疑。在农垦企业扩权的背景下，高层经营者实际上掌握了大部分剩余控制权和部分剩余索取权。由于缺乏“真实的监督人”，农垦企业领导缺乏冒险动机，这些经营者实际上是“低风险承担者”，但现有的正式经济关系和法律关系并不保护他们的经营失败行为。近年来，一些农垦企业出现“穷庙富和尚”现象，这是中国特色农垦企业中“内部人控制”的具体体现。

二、农垦企业“条块分割”问题

“条块分割”是指两种指挥体系把整个国家人为地分割成不同的领域。“条”是中央直属部委从上到下的一种指挥体制，例如国家税务局对各级税务部门和国家工商部门对各级工商部门的指挥，就属于“条”，属于垂直、纵向管理。“块”是对地方行政当局统管的某一区域全部的行政行为的一种概括性描述，属于平行、横向管理。

“条块分割”问题本质上是农垦资本部门、地区所有与生产社会化程度提高之间存在的矛盾。农垦国有资本名义上或法律上归国家所有，实际上大多数归部门、地区所有。在非市场化的环境中，国有资本“条块分割”是无法避免的。“条块分割”的弊端表现为人为割断生产经营内在联系、重复建设和地区封锁等。“条”和“块”越来越难以向迅速扩张的优势企业提供足够的资金支持和称职的农业企业家人才。

三、农垦企业“绩效低下”问题

企业经营绩效（Performance of Enterprise）是指在一定经营期间的企业经营效益和经营者业绩。企业经营效益水平主要表现在企业的盈利能力、资产运营水平、偿债能力和后续发展能力等方面。经营者业绩主要体现为经营者在经营管理企业过程中对企业经营、成长、发展所取得的成果做出的贡献。企业经营绩效评价包括了对企业经营效益和经营者业绩两个方面的评判。

实际上，企业战略对农业企业经营绩效有着重要影响。一个企业究竟采用横向一体化还是纵向一体化？根据分工思想，农业产业链本质上呈农业经营专业化个体链接形式。产业联系是指由利益相关的企业个体，根据不同分工特点串联成的一个整体。在某产业内部，尽管企业的经营方式、经营形态、企业模式和流通环节有所不同，但是它们的经营对象和经营范围是基本相同的。

近年来，农垦企业不断延长产业链，拓宽产品结构，使得经济规模不断提升。但许多产品业务收益很低，规模扩张并没有带来企业竞争力的提升，农垦企业资源配置效率并不高，在许多竞争性领域内呈现失效的状态。农业企业之间的竞争正在逐渐演变成农业产业链之间的竞争，如何在农垦企业之间实施联合与兼并、促进农垦企业产品创新、进行产业结构调整是解决农垦企业“绩效低下”的关键。

第二节　农垦企业改革的理论基础

一、委托代理理论与农垦企业“所有者虚置”问题

1. 委托代理概念

委托代理理论是建立在非对称信息博弈论的基础上的。非对称信息（Asymmetric Information）指一些参与人拥有但另一些参与人不拥有的信息。信息的非对称性可从以下两个角度进行划分：一是非对称发生的时间，二是非对称信息的内容。从非对称发生的时间来看，非对称性可能发生在当事人签约之前（Ex Ante），也可能发生在签约之后（Ex Post），分别称为事前非对称和事后非对称。研究事前非对称信息博弈的模型称为逆向选择模型（Adverse Eelection），研究事后非对称信息的模型称为道德风险模型（Moral Hazard）。从非对称信息的内容来看，非对称信息可能是指某些参与人的行为（Action），研究此类问题的模型称为隐藏行为模型（Hidden Action）；也可能是指某些参与人隐藏的知识（Knowledge），研究此类问题的模型称为隐藏知识模型（Hidden Knowledge）。委托代理理论是过去30多年中契约理论最重要的发展之一。它是在20世纪60年代末70年代初由一些经济学家深入研究企业内部信息不对称和激励问题的基础上发展起来的。委托代理理论的中心任务是研究在利益相冲突和信息不对称的环境下委托人如何设计最优契约激励代理人。

委托代理理论是制度经济学契约理论的主要内容之一，主要研究的委托代理关系是指一个或多个行为主体根据一种明示或隐含的契约，指定、雇佣另一些行为主体为其服务，同时授予后者一定的决策权利，并根据后者提供的服务数量和质量对其支付相应的报酬。授权者就是委托人，被授权者就是代理人。委托代理关系起源于“专业化”的存在。当存在“专业化”时，就可能出现一种委托关系，在这种关系中，代理人由于相对优势而代表委托人行动。现代意义上的委托代理概念最早是由罗斯提出的：“如果当事人双方中，代理人一方代表委托人一方的利益行使某些决策权时，则代理关系就随之产生。”

委托代理理论的主要观点认为，委托代理关系是随着生产力大发展和规模化

大生产的出现而产生的。其原因一方面是生产力发展使得分工进一步细化，权利的所有者由于知识、能力和精力的原因不能行使所有的权利；另一方面是专业化分工产生了一大批具有专业知识的代理人，他们有精力、有能力代理行使好被委托的权利。但在委托代理的关系中，由于委托人与代理人的效用函数不一样，委托人追求的是自己的更多财富，而代理人追求自己的工资津贴收入、奢侈消费和闲暇时间的最大化，这必然导致两者的利益冲突。在没有有效的制度安排下，代理人的行为很可能最终损害委托人的利益。而世界——不管是经济领域还是社会领域，都普遍存在委托代理关系。

2. 委托代理视角下农垦企业“所有者虚置”问题

事实上，在非对称信息的情况下，委托人对代理人信息的了解程度可以由委托人自己选择。比如说，通过雇佣监工或花更多的时间和精力，委托人可以在一定程度上更多地了解代理人的信息，从而加强对代理人的激励和监督。但信息的获取又是有成本的，于是委托人面临着选择最优监督力度的问题。

古典经济学家认为，工资取决于工人的边际生产率。但发展经济学家发现，在发展中国家，二者的关系似乎正相反，即边际生产率取决于工资。而且在发达国家这种现象也存在。索罗（Solow，1979）与夏皮罗和斯蒂格利茨（Shapiro 和 Stiglitz，1984）将较高的工资解释为企业为防止工人偷懒而采取的激励方法。当企业不能完全监督工人的行为时，工资构成了工人因偷懒被发现而被解雇的机会成本。工资越高，机会成本越大。因此，较高的工资有利于减少工人偷懒的倾向性。另外，在激励工资模型下讨论监督力度问题，我们发现代理人的边际生产率越高，监督带来的边际收益越高，委托人监督的积极性也越高；代理人努力的边际成本越高，给定激励下的努力供给越低，且给定代理人行为的观测信息的方差下的最优激励也越低，监督的边际收益也越低，委托人监督的积极性自然也越低；此外，监督越困难，监督的边际成本越高，委托人监督的积极性也越低。

农垦企业属于国有企业，产权归国家所有。从法理上来看，农垦农场长是受产权所有者委托的代理人，农垦所有者是一个“虚置”的非人格化的主体，这个“虚置”化的主体不能直接对代理人进行监督，导致农垦企业代理人严重缺乏“监督”，其对农垦企业的“内部控制”非常容易。近年来，虽然引入国务院国有资产监督管理委员会（以下简称“国资委”）作为委托人，从而与农垦企业经营者形成委托代理关系，但由于监督的边际成本非常高，降低了委托人监督的积极性，代理人的努力程度并未得到提升，这加剧了农垦企业经营效率的下降。

国有资产的投资不明确，委托代理关系链过长。国有资产逐级委托到各政府部门，除了初始委托人和最终代理人之外，每位链中人都具有双重角色，既是委托人又是代理人，但他们的利益目标往往又不一致，这就容易造成各环节之间信息的不对称，同时导致委托人监督不力，约束淡化，经营者可以无视所有者和投资者的权益，形成“所有者缺位”。

二、集团化理论与农垦企业“条块分割”问题

1. 集团经营概述

集团是以母公司为基础，以产权关系为纽带，通过合资、合作或股权投资等方式把三个及三个以上的独立企业法人联系在一起。集团成员企业之间在研发、采购、制造、销售、管理等环节紧密联系在一起，这种协同运作的方式叫集团化运作或集团化经营模式。

集团化经营有两层含义：一是指集团有很多“拳头”产业，它们各自的经营性质不同，基本不分主次，但都是在同一旗号之下；二是指集团有一个主导产业和几个相关的辅助产业，为了进一步把企业做大做强，企业主动把经营链条进一步拆分，让各个链条之间实行虚拟市场化经营。从经济学来看，集团经营有如下三个理论基础：

（1）企业边界理论。企业都有边界，企业与企业以外的主体进行交易就形成了市场交易，同时产生交易费用和税收。而企业内部的交易费用则最低，因为它避免了税收和交易成本，集团化运作的实质是扩大了企业的边界。

（2）规模效益理论。如统一采购、结算、制造、营销等。

（3）协同效益理论。企业集团是由若干相互联系、相互作用的子公司组成的复杂系统，在这个大系统内各要素间的互动和协同，使系统产生了创新和发展的推动力量，即协同效应，也就是“1 +1 >2”。

2. 集团化经营有利于解决农垦“条块分割”问题

长期以来，我国农垦企业受到“条块”约束非常明显。农垦企业数量多，规模小，相互合作协同困难。但如果进行集团化经营，就可以打破原有的农垦企业边界，实现规模效应。具体来说，有如下三点优势：

（1）资源共享，节省成本和费用。农垦企业统一采购可以降低采购成本，集团大制造可以利用制造资源，统一技术和研发平台以研究高难度的课题，统一销售以节约营销费用，统一结算以节省财务费用和解决融资难题等。

(2) 优势互补，提升企业的运作和管理效率。集团化运作可以用农垦企业的“长板”弥补其他企业的“短板”，使这一长项得到充分发挥，从而带动其他成员企业提高运作和管理的效率，如销售渠道的融通、人力资源管理经验的借鉴等。

(3) 提高企业创新能力和综合竞争能力。农垦企业技术创新、营销创新以及成本和费用的降低等，使企业及集团综合竞争能力得到提升。

三、一体化理论与农垦企业三产融合发展

1. 纵向一体化

经济学上，沿产业链占据若干环节的业务布局叫作纵向一体化。纵向一体化是一个战略性的计划，它是组织核心能力在企业内部扩张的一种形式，与它相同的还有横向一体化战略和加强型战略。

纵向一体化又叫垂直一体化，指企业将生产与原料供应，或者生产与产品销售联合在一起的战略形式，是企业在两个可能的方向上扩展现有经营业务的一种发展战略，是将公司的经营活动向后扩展到原材料供应或向前扩展到销售终端的一种战略体系。包括前向一体化战略和后向一体化战略，也是将经营领域向深度发展的战略。

前向一体化战略是企业自行对本公司产品做进一步深加工，或者对资源进行综合利用，或公司建立自己的销售组织来销售本公司的产品或服务。例如，钢铁企业自己轧制各种型材，并将型材制成各种不同的最终产品，属于前向一体化。后向一体化则是企业自己供应生产现有产品或服务所需要的全部或部分原材料或半成品，如钢铁公司自己拥有矿山和炼焦设施，纺织厂自己纺纱、洗纱等。

纵向一体化的目的是为加强核心企业对原材料供应、产品制造、分销和销售全过程的控制，使企业能在市场竞争中掌握主动，从而增加各个业务活动阶段的利润。纵向一体化是企业经常选择的战略体系，但是任何战略都不可避免存在风险和不足，纵向一体化的初衷，是希望建立起强大的规模生产能力来获得更高的回报，并通过面向销售终端的方法获得来自市场各种信息的直接反馈，从而不断改进产品和降低成本，取得竞争优势。

2. 农垦企业纵向一体化发展趋势

当今农业的国际竞争是全产业链的竞争，若干大型企业通过控制资源来控制定价权，实现利润的再分配。例如，北大荒集团率先以稻米产业一体化为试点，

选择北大荒米业与15个试点农场，构建稻米“产业龙头+基地”全产业链发展模式，形成“产业公司+基地农场+种植户”之间的市场化连接机制，打造从基地到餐桌的放心大米产业链，促进北大荒稻米产业健康快速发展。北大荒米业集团充分发挥龙头企业的带动作用，2018年5月7日至10日，先后来到牡丹江、红兴隆、建三江、宝泉岭等管理局，对接15个种植基地建设事宜，形成产业内部紧密连接的协同效应，依托种植基地闯市场、打品牌。目前，产业基地已签订种植合同17万亩，预计将达到33万亩，覆盖垦区东西部水稻优势产区。同时，坚持以优质大米专品种种植、销售为抓手，北大荒江苏米业与江苏阜宁县农业委员会签署了战略合作协议，依托当地合作社建立了1.2万亩订单种植基地，对指定的品种以高于市场价的标准进行收购，并输出种植技术和农资供应等整套农业服务模式，扩大北大荒的产业布局，提升产业规模和影响力。

四、产权理论与农场确权登记

1. 现代产权理论

现代产权理论的突出代表者为科斯（R. Coase）。他致力考察的不是经济运行过程本身（这正是正统微观经济学所研究的核心），而是经济运行背后的财产权利结构（这正是正统经济学所忽略的）；他所运用的研究方法不是数学、效用主义的边际分析（这正是正统理论所采取的基本方法），而是典型的制度分析，并通过对某些经济现象的分析来阐述隐含在这些现象背后的经济运行规则及规定这些规则的制度基础。科斯产权理论的形成与确立大致可分为两个阶段：

第一阶段是20世纪30年代对正统微观经济学进行的批判性思考，指出市场机制在运行中存在摩擦，导致这种摩擦的主要因素是产权构造上的缺陷，克服摩擦的根本在于界定企业产权。代表作为1937年发表于伦敦经济学院学报《经济学家》上的著名论文《企业的性质》。

第二阶段是20世纪50年代末60年代初，科斯系统地论述了产权的经济作用，分析了产权的功能，特别考察了产权结构对于降低社会成本、克服诸如外在性等市场失灵的关键性作用，从而使产权制度成为保障资源配置有效性的必要条件。这一阶段的代表作是科斯于1960年发表于《法与经济学》杂志上的《社会成本问题》，这一阶段最突出的成就是“科斯定理”。

按照《新帕尔格雷夫经济学大辞典》的定义，“产权是一种通过社会强制实现的对某种经济物品的多种用途进行选择的权利”。阿尔奇安（Alchian，1969）

把产权定义为人们在资源稀缺的条件下使用资源的权利，或者说是人们使用资源的适当规则。德姆塞茨（Demsetz，1989）认为，产权是一种社会工具。它之所以有意义，就在于它使人们在与别人的交换中形成了合理的预期。产权的一个主要功能是为实现外部效应更大程度的内部化提供动力。可见产权是用来界定人们在经济活动中如何受益、如何受损以及他们之间如何进行补偿的相关规则，是收益权和控制权相结合的有机体。

现代产权理论认为在公有产权形式下，控制权和收益权处于分离状态，公有产权下的个体都想分得公有产权的收益而不愿意多付出努力，因此在激励方面存在很大的外部性。而在私有产权下，收益和成本都是由所有者承担的，这种收益和成本的对称性消除了公有产权之下的外部性，保证了激励机制的有效性。按照标准产权理论的逻辑，只有私有产权才是边界清晰、最有效率的产权形式。因为私有产权形式下收益权和控制权的有机结合能够产生有效的激励机制。

2. 农垦土地确权登记

贯彻落实《中共中央国务院关于进一步推进农垦改革发展的意见》（中发〔2015〕33 号）提出的“用 3 年左右时间，基本完成农垦国有土地使用权确权登记发证任务，即于 2018 年底前，完成权属清晰、无争议农垦国有土地确权登记发证任务”。

本次农垦土地确权登记坚持如下三项原则：①依法依规原则。严格按照《物权法》《不动产登记暂行条例》及《不动产登记暂行条例实施细则》等法律法规和相关土地确权政策的要求，开展农垦国有土地确权登记，确保权属合法、程序规范。②因地制宜原则。结合当地实际和农场自身条件，选择适宜的测量方法开展农场不动产测量。条件具备或有改革现实需要的农场，应将农场房屋和土地按照房地一体原则办理不动产登记。③先易后难原则。首先完成权属清晰、无争议农垦国有土地确权登记发证工作，同时依法积极调处农垦国有土地权属争议。对于有权属争议且一时难以解决的农垦国有土地，划定争议范围，先完成无争议部分确权登记，争议土地待争议解决后再予以确权登记。

各地农垦主管部门在国土资源主管部门指导下，按照《国土资源部关于做好不动产权籍调查工作的通知》（国土资发〔2015〕41 号）等有关要求，充分利用第二次全国土地调查和已有地籍调查、基础测绘和相关影像资料等成果，组织国有农场开展权籍调查。在全面查清权属状况、完成权属指界的基础上，统筹考虑国有农场经济条件、改革需求等因素，选择适宜的测量方法，开展农场不动产测量，调查清楚国有农场依法使用土地的权属、用途、界址、面积等。具备条件的国有农场应一并开展地上房屋等建筑物的权属调查和测量，实现国有农场房地一体调查。权籍调查完成后，按照统一的不动产单元编码模式，形成包括权籍调查表、不动产测量报告和权籍图等在内的权籍调查成果，提供给不动产登记机构。

在权籍调查完成后，各地农垦主管部门要组织国有农场尽快向不动产登记机构提出登记申请，提交符合登记要求的权籍调查成果资料和权属来源资料。各地不动产登记机构对国有农场申请事项及相关材料进行审核，审核通过的，及时依法办理登记发证手续。对于国有农场使用的国有农用地、未利用地，按照《不动产登记暂行条例实施细则》第五十二条办理登记手续，登记为国有农用地的使用权，并在登记簿、证书附记栏以及附图中对未利用地的面积和范围进行标注。对于国有农场依法使用的建设用地，以及地上的生产经营用房、办公楼、医院、学校等，属于合法取得并具备登记条件的，应按照房地一体的原则办理登记手续。其他暂不具备房地一体登记条件的，可先办理国有建设用地使用权首次登记，待条件具备后，再连同地上合法取得的房屋等建（构）筑物一体办理登记手续。对已登记发证的宗地但缺失档案资料、登记不规范以及需补充房屋登记的，或因农场改制名称发生变化的，不动产登记机构按照《不动产登记暂行条例实施细则》有关规定，开展不动产变更登记，发放不动产权证书。国有农场长期使用、与相邻各方没有权属争议但权属来源资料缺失的国有土地，经相邻各方指界确认后，不动产登记机构可将登记事项在其门户网站以及不动产所在地等指定场所公告 30 天，公告期满无异议或异议不成立的，可直接办理登记发证手续。

各地国土资源主管部门会同农垦主管部门，对本地区农垦国有土地权属争议进行全面排查，掌握每件争议的主体、地类、面积、争议原因等情况，建立权属争议统计台账。推动建立由地方政府牵头，国土资源、农垦等多方参与的农垦国有土地权属争议调处机制，按照“尊重历史，面对现实，互利互让”原则，加大争议调处力度，采用积案包干、挂牌督办等方式，努力解决一批权属争议。对于已有合法的权属调查成果，已经标绘或明确了国有农场土地权属界线，且经核实权属界线无变化的，不再进行权属调查指界。对于已有生效的国有农场土地权属争议调解或处理结果，不得因有关方面人员变动或农场隶属关系变更而改变。对于权属争议一时难以调处的农垦国有土地，可将争议部分划出，不得扩大争议范围，将没有争议的土地先办理登记发证手续，争议土地待争议解决后再予以登记发证。

第三章　新时代农垦企业改革路径与战略

第一节　指导思想、原则及目标

一、基本思想

全面贯彻党的十八大和党的十八届二中、三中、四中、五中全会精神，以邓小平理论、“三个代表”重要思想、科学发展观为指导，深入贯彻习近平总书记系列重要讲话精神，按照党中央、国务院决策部署，坚持社会主义市场经济改革方向，以保障国家粮食安全和重要农产品有效供给为核心，以推进垦区集团化、农场企业化改革为主线，依靠创新驱动，加快转变发展方式，推进资源资产整合、产业优化升级，建设现代农业的大基地、大企业、大产业，全面增强农垦内生动力、发展活力、整体实力，切实发挥农垦在现代农业建设中的骨干引领作用，为协同推进新型工业化、信息化、城镇化、农业现代化提供有力支撑。

二、基本原则

坚持国有属性，服务大局。围绕发挥国有经济主导作用，完善国有农业经济实现形式，以农业生产经营为主，走规模化发展道路，构建现代农业经营体系，促进一二三产业融合发展，做大做强农垦经济，更好地服务国家战略需要。

坚持市场导向，政府支持。着力深化农垦市场化改革，推进政企分开、社企分开，确立国有农场的市场主体地位。切实保障农垦平等享受国家普惠性政策，完善与农垦履行使命相适应的支持政策，解决国有农场的实际困难，提升可持续发展能力。

坚持分类指导，分级负责。注重不同垦区和国有农场管理体制、资源禀赋、发展水平的差异性，不搞“一刀切”和“齐步走”，采取有针对性的改革举措，促进多样化发展。中央直属垦区的改革发展由国家有关部门和所在地省级政府共同负责，地方垦区的改革发展由地方政府负责。

坚持统筹兼顾，稳步推进。把握好改革的节奏和力度，鼓励大胆探索、试点先行，从各地实际出发平稳有序地推进农垦改革，不简单照搬农村集体经济或一般国有企业的改革办法，着力解决突出矛盾，处理好国家、企业和职工利益关系，确保干部职工队伍稳定、生产稳定和社会稳定。

三、主要目标

围绕垦区率先基本实现农业现代化、率先全面建成小康社会，加快改革发展。到2020年，实现以下目标：

（1）建立健全适应市场经济要求、充满活力、富有效率的管理体制和经营机制，打造一批具有国际竞争力的现代农业企业集团。

（2）建成一批稳定可靠的大型粮食、棉花、糖料、天然橡胶、牛奶、肉类、种子、油料等重要农产品生产加工基地，形成完善的现代农业产业体系。

（3）垦区民生建设取得显著进展，职工收入大幅提高，基础设施和公共服务进一步健全，农场社区服务功能不断完善，新型城镇化水平明显提升。

第二节　深化农垦管理体制和经营机制改革

一、继续推进垦区集团化改革

①集团化是垦区改革的主导方向。有条件的垦区要整建制转换体制机制，建设大型现代农业企业集团。已组建集团公司的垦区，要加快推进直属企业整合重组，推动国有农场公司化改造，建设农业产业公司，构建以资本为纽带的母子公

司管理体制。②完善现代企业制度，明晰产权关系，健全法人治理结构，不断提高内部管理水平和市场竞争力。在确保国有资本控股的前提下，积极引进战略投资者，依法推进集团公司股权多元化改革试点。国有农场归属市县管理的垦区，要着力增强国有农场经济实力，积极探索推进集团化改革，有条件的要组建区域性现代农业企业集团，产业特色明显的可以联合组建农业产业公司，规模较小的可以合并重组。③创新农垦行业指导管理体制。在改革过渡期内，整建制实行集团化改革的垦区可保留省级农垦管理机构牌子，实行一个机构、两个牌子，同时要尽快过渡到集团化企业管理；农垦管理机关人员经批准允许到农垦企业兼职，但应从严掌握，且须严格执行兼职不兼薪的政策。改革过渡期后，不再加挂省级农垦管理机构的牌子。

二、改革国有农场办社会职能

坚持社企分开改革方向，推进国有农场生产经营企业化和社会管理属地化。用 3 年左右时间，将国有农场承担的社会管理和公共服务职能归由地方政府统一管理，妥善解决其机构编制、人员安置、所需经费等问题，确保工作有序衔接、职能履行到位。总结推广国有农场办社会职能改革试点经验，中央财政予以适当补助。积极推进国有农场公检法、基础教育、基本医疗和公共卫生等办社会职能一次性移交地方政府管理，暂不具备条件的要在一定过渡期内分步、分项移交。远离中心城镇等不具备社会职能移交条件的国有农场，探索推进办社会职能内部分开、管办分离，地方政府可采取授权委托、购买服务等方式，赋予相应管理权限和提供公共服务，同时加强工作指导。对国有农场办社会职能形成的债务进行甄别，凡属于政府应当偿还的债务纳入政府债务统一管理，符合呆坏账核销条件的按照相关规定予以处理。

三、创新农业经营管理体制

坚持和完善以职工家庭经营为基础、大农场统筹小农场的农业双层经营体制，积极推进多种形式的农业适度规模经营。强化国有农场农业统一经营管理和服务职能，建立健全农场与职工间合理的利益分享和风险共担机制。积极培育新型农业经营主体，发展股份制、公司制等农业经营形式，既要防止土地碎片化，又要防止土地过度集中。构建权利义务关系清晰的国有土地经营制度，改革完善职工承包租赁经营管理制度，建立经营面积、收费标准、承包租赁期限等与职工身份相适应的衔接机制。职工承包租赁期限不得超过其退休年限，防止简单固化承包租赁关系。职工退休时，在同等条件下其承包租赁的土地可由其在农场务农的子女优先租赁经营。对租赁经营国有农场土地的职工，要严格依照合同法规范管理。加强承包和租赁收费管理，全面推行收支公开，强化审计监督。

四、构建新型劳动用工制度

健全职工招录、培训和考核体系，逐步建立以劳动合同制为核心的市场化用工制度。除已签订劳动合同的职工外，对长期在农场从事农业生产经营的职工子女、外来落户人员等从业人员，结合国有农场改革发展进程，依法签订劳动合同。鼓励和引导职工子女扎根农场务农兴业。加强技能培训和就业服务，加大政策扶持力度，拓展就业渠道。对符合条件的农垦企业失业人员及时进行失业登记，并按规定享受失业保险待遇。对符合就业困难人员条件的农垦企业人员，按规定纳入就业援助范围。

五、完善社会保障机制

按照属地管理原则，将农垦职工和垦区居民纳入相应的社会保险、社会救助等社会保障体系。与国有农场签订劳动合同的农业从业人员，可以执行当地统一的企业职工社会保障政策，也可以实行符合农业生产特点的参保缴费办法。强化农垦企业及其职工按时足额缴费义务和地方政府主体责任，将未参加养老和医疗保险或中途断保的职工，按规定纳入参保范围。各级财政要进一步加大社会保障投入力度，支持落实好农垦职工和垦区居民的社会保障政策。统筹研究中央直属垦区养老保险缺口问题。

六、健全国有资产监管体制

农垦国有资产数量大、分布广、类型多，必须切实加强监督和管理。按照完善国有资产管理体制的总要求，明晰农垦国有资产权属关系，建立符合农垦特点、以管资本为主的监管体制。农垦管理部门要加强和改进对农垦企业的监管，全面开展包括土地在内的国有资产清产核资工作，加大对国有资本投向的专项监督力度，促进国有资产保值增值，放大国有资本功能，提升国有资本运行效率和效益。开展改组组建农垦国有资本投资、运营公司试点。农垦企业改革要依法依规、严格程序、公开公正，切实加强监督，严格责任追究，杜绝国有资产流失。

七、创新土地管理方式

土地是农垦最重要的生产资料，是农垦存在与发展的基础。要从强化农业基础地位、切实保护国有土地资源、实现可持续发展的高度，深化农垦土地管理制度改革。严禁擅自收回农垦国有土地使用权，确需收回的要经原批准用地的政府批准，并按照有关规定予以补偿，妥善解决职工生产生活困难，依法安排社会保障费用。加强土地利用总体规划及年度计划管理，严格执行土地用途管制制度，对农垦土地严格实行分类管理，禁止擅自将农用地转为建设用地。切实落实耕地占补平衡制度，加快划定永久基本农田。强化农垦土地权益保护，严肃查处擅自改变农垦土地用途和非法侵占农垦土地行为。用3年左右时间，基本完成农垦国有土地使用权确权登记发证任务，工作经费由中央财政、地方财政和国有农场共同负担。推进农垦土地资源资产化和资本化，创新农垦土地资产配置方式。对农垦企业改革改制中涉及的国有划拨建设用地和农用地，可按需要采取国有土地使用权出让、租赁、作价出资（入股）和保留划拨用地等方式处置。省级以上政府批准实行国有资产授权经营的国有独资企业、国有独资公司等农垦企业，其使用的原生产经营性国有划拨建设用地和农用地，经批准可以采取作价出资（入股）、授权经营方式处置。有序开展农垦国有农用地使用权抵押、担保试点。保障农垦产业发展和城镇化建设合理用地的需求。农垦现有划拨建设用地，经批准办理有偿使用手续后，可以转让、出租、抵押或改变用途，需办理出让手续的，可以采取协议方式。农垦土地被依法收回后再出让的，其出让收入实行收支两条线管理，市县分成的相应土地出让收入要按规定积极用于农垦农业土地开发、农田水利建设以及公益性基础设施建设。

第三节 加快推进农垦现代农业发展路径

一、建设大型农产品生产基地

鼓励农垦企业通过土地托管、代耕代种代收、股份合作等方式，与农户形成紧密型利益联结机制，提高规模经营效益。结合实施全国高标准农田建设总体规划，积极推进农垦高标准农田建设。加强垦区大中型灌区和节水灌溉工程建设，加快实施地表水置换地下水工程，增加小型农田水利设施建设补助。加大对土地资源富集和比较优势突出的垦区的支持力度，将黑龙江和内蒙古等垦区建设成为国家大型商品粮和优质奶源基地，将新疆生产建设兵团垦区建设成为国家大型优质棉花和特色农牧产品基地，将北京、上海、天津、重庆等城郊型垦区建设成为都市型现代农业示范和优质鲜活农产品供应基地，将广东、广西、海南、云南垦区建设成为国家天然橡胶和糖料基地，其他垦区也要根据区域比较优势建设特色农产品生产基地。

二、大力发展农产品加工流通业

发挥农垦企业集团优势，建设国家大型优质安全食品生产供应基地，打造农业全产业链，率先推动一二三产业融合发展，实现农业持续增值增效。推进农业生产全程标准化，严格农业投入品准入，强化水土治理和环境监测，建立从田间到餐桌的农产品质量安全追溯体系。鼓励农垦企业加快粮食晾晒、烘干、仓储设施和现代物流中心建设，大力发展大宗农产品产地初加工和精深加工，建设食品、饲料等专用原料基地和加工产业园区，辐射带动周边农民增收致富。推进农垦农产品流通网络优化布局，促进与全国流通体系对接融合，加快发展冷链物流、电子商务、连锁经营等流通业态。推进农垦企业品牌建设。支持农垦企业按照有关规定参与国家大宗农产品政策性收储。以政府性资金为引导，鼓励符合条件的金融机构和农垦企业集团等投入，设立农垦产业发展股权投资基金。

三、提升科技创新能力

农垦要在良种化、机械化、信息化等科技创新和农业技术推广方面继续走在全国前列。加强农垦科技创新能力建设，不断加大研发投入力度，强化农业科技攻关，着力解决重大共性关键技术和产品、设施装备难题，培育战略性新兴产业。统筹人才、项目和基地建设，推动农垦企业发展方式转变，推进协同创新组织模式，组建以企业为主体的农业产业技术创新联盟，搭建农业科技创新和成果转化推广平台，加快科技成果转化。整合种业基地和科研资源，实施联合联盟联营，做大做强“育繁推一体化”种子企业。加大农机购置补贴支持力度，优先支持农垦购置大型农业机械，提高装备水平，扩大农用航空作业范围，建设标准化机务区。积极推进生产经营管理全程信息化，开展农业物联网等信息技术集成应用和试验示范。加强农垦农业技术推广服务体系建设，重点开展高产高效技术集成示范，加强示范基地建设，推动绿色、高效、可持续现代农业发展。

四、示范带动现代农业和区域新型城镇化发展

加强农垦现代农业示范区建设，试验示范农业新技术、新装备和生产经营新模式，为推进中国特色新型农业现代化积累经验。引导农垦企业开展多种形式的垦地合作，为周边农民提供大型农机作业、农业投入品供应、农产品加工和购销等社会化服务，增强对周边区域辐射带动能力。推进垦区新型城镇化，远离中心城镇的国有农场要逐步发展成为功能设施齐全、公共服务配套的新型小城镇。毗邻城镇的国有农场，要加大区域资源共享共建力度，与地方政府合作开展城镇开发建设，防止互相隔离和重复建设，推动垦地城镇融合发展。鼓励社会资本参与国有农场公共服务和基础设施建设。

五、发挥农垦在农业对外合作中的引领作用

农垦是开展农业对外合作和提高我国农业国际竞争力的重要载体。适应国家对外开放新战略，立足国内产业基础，统筹规划农垦对外合作的目标区域和发展重点。鼓励农垦企业联合，以合资合作和并购重组等方式开展境外农业合作，建立生产、加工、仓储、运销体系。农业对外合作支持政策优先向符合条件的农垦企业倾斜。积极支持农垦承担国家农业援外项目，鼓励农垦企业扩大优势特色农产品出口。加强国际先进技术设备的引进、消化、利用，不断提高农垦企业技术装备和管理水平。

六、加强薄弱地区农场建设

制定专门规划和政策措施，加强边境农场、贫困农场和生态脆弱区农场的基础设施及公共服务体系建设，切实改善生产生活条件。支持边境农场加快发展特色产业、边境贸易和边境旅游，多渠道增加职工收入。加大对贫困农场的扶持力度，帮助其解决实际困难，增强其自我发展能力。将生态脆弱区农场的水土流失治理和生态环境保护纳入地方政府统一政策实施范围。

第四章　革命老区（江西）农垦发展与改革

第一节　革命老区介绍

一、革命老区概念

中国革命老根据地简称革命老区或老区，是指土地革命战争时期和抗日战争时期，在中国共产党和毛泽东同志等老一辈无产阶级革命家领导下创建的革命根据地。它分布于中国内地除新疆、青海、西藏以外的省、自治区、直辖市的多个县（市、区）。

在战争年代，老区人民养育了中国共产党及其领导的人民军队，提供了长期斗争所需要的人力、物力和财力，为壮大革命力量，取得最后胜利，付出了巨大的牺牲，做出了极大的贡献。革命老区是中华人民共和国的摇篮，今天的中国是无数革命先烈前仆后继用鲜血和生命换来的，是中国社会主义大厦的牢固基石。老区是充满荣誉的，老区的革命传统和历史经验是非常宝贵的精神财富，它的光辉业绩将彪炳史册，永放光芒。

二、革命老区范围

其一，土地革命战争时期的革命根据地。土地革命战争前期，革命根据地的创立、发展可分为两个阶段：一是从“大革命”失败到第一批农村革命根据地的创立阶段（1927 年 8 月至 1930 年夏）；二是从红军第三次反“围剿”斗争到党内反对“立三路线”的斗争的巩固和发展阶段（1930 年夏至 1931 年秋）。土地革命战争后期，革命根据地的发展、演变可分为三个阶段：第一阶段是从“九一八事变”到中央红军主力长征前（1931 年 9 月至 1934 年冬）；第二阶段是红军长征时期；第三阶段是从中央红军长征胜利到全国抗日战争爆发前。共计 17 块革命根据地：井冈山革命根据地，湘赣革命根据地，中央革命根据地，闽东、闽南、闽中革命根据地，湘鄂西革命根据地，通海如泰革命根据地，鄂豫皖革命根据地，湘鄂川黔革命根据地，闽浙赣革命根据地，川陕革命根据地，湘鄂赣革命根据地，鄂豫陕革命根据地，左右江革命根据地和滇黔桂边游击区，西北革命根据地，海陆丰和东江革命根据地，南方三年游击战争根据地，琼崖革命根据地。

其二，抗日战争时期的抗日根据地。抗日根据地是在艰苦卓绝的抗日斗争中创建和发展起来的，并经历了一段曲折复杂的过程。1937 年 11 月下旬至 1938 年 10 月下旬，是抗日根据地的初创阶段；1938 年 10 月下旬至 1941 年 3 月，是抗日根据地的发展阶段；1941 年 4 月至 1942 年底，是抗日根据地的退缩和坚持阶段；1943 年 1 月至 1945 年 9 月，是抗日根据地的恢复和扩大阶段。共计 18 块抗日根据地：陕甘宁抗日根据地、淮南抗日根据地、晋察冀抗日根据地、皖江抗日根据地、晋冀鲁豫抗日根据地、浙东抗日根据地、晋绥抗日根据地、广东抗日根据地、山东抗日根据地、琼崖抗日根据地、苏北抗日根据地、鄂豫皖湘赣抗日根据地、苏中抗日根据地、河南抗日根据地、苏南抗日根据地、闽浙赣抗日游击区、淮北抗日根据地、东北抗日游击区。

第二节　革命老区（江西）农垦发展与改革的历程

江西属于革命老区，条件艰苦，经济基础比较落后。中华人民共和国成立之后，江西成为为国家提供粮食的农业大省。江西农垦是在党的第一代中央领导集体决策和江西省委、省政府坚强领导下，为承担国家使命、保障粮食安全、支援江西省建设，在丛林山区、湖滨滩涂、穷乡僻壤大规模开垦建场的基础上逐步发展起来的经济社会组织，是国有农业经济的骨干和代表，是推进中国特色新型农业现代化的重要力量，是江西省经济社会体系不可或缺的组成部分。

江西农垦发展历程如下：

1. 创建与发展期（1957～1978年）

1957年，江西五万多名党政机关干部、转业军人、知识青年积极响应党中央和江西省“开发山区、建设山区”的伟大号召，奔赴全省各地，跋山涉水、餐风饮露，开始了创建垦殖场这一改天换地、宏伟壮丽的事业，一个又一个农林牧副渔、工商建运服十业并举、充满生机与活力的综合性垦殖场如雨后春笋般拔地而起。

创建初期，面对一无基建资金、二无房屋设备的艰难局面，江西农垦干部职工不畏艰险，迎难而上，在地广人稀、山高水冷的山沟里，在荒凉的红壤山地上，在血吸虫病多发的湖滨滩涂上，搭茅棚、烧砖瓦、开荒地、挖水塘、修公路，建立起了一个个对集体农业具有重要指导示范作用的国营综合垦殖场。1958年，江西农垦修建的简易公路长达1500公里，相当于“一五”计划期间江西省新修公路的总长度；1963年，江西农垦粮食总产量达到20700万斤，由1962年缺粮4149万斤转为上交国家商品粮1500万斤。“文化大革命”时期，面对经济遭受严重破坏的艰难局面，江西农垦干部职工顶住压力、顽强拼搏，紧紧抓住市场日用工业品异常短缺的机遇，大力创办水泥、造纸、火柴、纺织器材、羽绒制品、畜产品加工等工业企业，实现了场办工业的快速发展。1978年，江西农垦场办工业企业由1965年的288家增加到581家，工业产值达到了2.18亿元，占全省工业总产值的9.4%，成为全省工业经济的中流砥柱。江西农垦敢为人先，大力兴办场办工业企业，创造了工业经济的辉煌。

2. 改革发展期（1979～2009年）

1984年，江西农垦率先发展开放型经济，出口创汇排名全国农垦第三，创造了对外贸易的辉煌；1990年，江西农垦多业并举、全面发展，实现了十几个县的产值和利税的同步增长，创造了综合实力的辉煌；20世纪八九十年代，江西农垦大力推进以市场为导向的体制改革，走出了一条农工商综合经营和贸工农一体化发展的路子，有效地解决了传统计划经济体制下形成的运行体制与市场经济脱轨的问题，成为了当时推进全省农业商品化、产业化进程的中坚力量，开创了万众瞩目的“农垦时代”。2008年，江西农垦绿色食品总数进入全国前八名、有机食品总数连续五年取得全国第一名的佳绩，创造了绿色有机的辉煌。

3. 改革攻坚期（2010 年至今）

2010 年，江西农垦全力实施以落实“一补两险”、剥离社会职能、化解企业债务为核心内容的综合改革，走出了一条以改革保增长、惠民生、促和谐的成功之路，形成了可借鉴、可复制、可推广的国企改革“农垦经验”。2013 年，江西农垦以危房改造引领新型城镇化建设，打造“中国棚改·江西农垦样板”，创造了新型城镇化的辉煌；2015 年，江西农垦农产品质量追溯体系建设项目总数位居全国农垦第二，创造了质量追溯的辉煌。2015 年以来，江西农垦深入贯彻落实党中央、江西省委关于推进农垦改革发展的重大决策部署，着力加快推进“资源变资产、资产变资本、资本变股本”的改革步伐，积极组建区域性农垦集团公司，全面促进农场企业化进程，致力为全省农业供给侧结构性改革提供多样性、多元化的农垦样本。

第三节　江西农垦发展与改革的紧迫性和艰巨性

当前，我国农垦改革已经进入攻坚期，革命老区农垦改革面临的任务尤为艰巨。主要表现在：

一、江西农垦经济增长较快，但实力不强，经济基础偏弱

2014 年，全省农垦拥有垦殖场（企业集团）156 个，分布在 11 个设区市的 76 个县（市、区）；拥有土地总面积 1037 万亩，其中耕地 125 万亩、林地 712 万亩；拥有总人口 126 万人，其中从业人员 50 万人、离退休人员 12 万人。2014 年，全系统实现生产总值 199.39 亿元，比“十一五”期末增长 112.66%，年均增长 20.75%；完成工农业总产值 661.95 亿元，比“十一五”期末增长 170.27%，年均增长 28.22%；固定资产总投入 219.73 亿元，比“十一五”期末增长 133.48%，年均增长 23.61%；出口商品总额 31.84 亿元，比“十一五”期末增长 170.06%，年均增长 28.19%；实现利税总额 32.52 亿元，比“十一五”期末增长 157.48%，年均增长 26.67%；年人均纯收入 13441 元，比“十一五”期末增长 131.86%，年均增长 23.39%；三次产业比为 13∶65∶22，二三产业比重达到 87.27%，比“十一五”期末提高了 4.11%。

另外，江西农垦经济实力横向比较并不强，尤其与黑龙江农垦、海南农垦、广东农垦、江苏农垦等比较，江西农垦的整体规模偏小，经营竞争力偏弱，科技实力和研发能力还处于弱势地位。江西农垦有实力的企业集团不多，农业品牌不强，农业产业链偏弱。

二、革命老区农垦思想保守，管理体制更为僵化，改革更为艰辛

中央各项文件的出台，对农垦来说是一次重大机会。农垦必须抓住机遇乘势而上，各级农垦干部需要抓好两件事：一是农垦系统上下都要学习领会中央各项文件精神，要对各项文件出台的背景、深刻内涵进行解读。二是要办好各类干部培训班。中央负责对农垦省级主管部门和国有农场主要负责人的培训，各垦区负责对农场机关和场长的培训，要尽快编制农垦各级干部培训教材，以各地改革发展的实际案例进一步统一广大干部思想，形成强大的推动农垦改革发展的合力。但老区农垦长期处于经济落后状态，农垦企业管理干部争优敢先的意识不强，往往等到其他地方实行后，再去学习模仿。许多管理体制制约了干部、干事的积极性，如何破除管理体制的障碍，是摆在革命老区农垦面前的重要任务。因此，要大胆起用年轻干部，创造“容错机制”，容许改革和试错。

三、市场化思维偏弱，“等、靠、要”的思想降低了管理者干事的积极性

近年来，国家出台政策支持革命老区，尤其是在扶贫资金上，给予了革命老区许多支持。一方面，扶贫支援为革命老区经济带来巨大发展；另一方面，也使许多革命老区产生了“等、靠、要”思想。许多农垦企业不愿进行市场开拓，行政化思维严重，很少创造性地开展工作。许多农垦企业表面上的工作部署多，但督促落实抓得不够，存在“以会代干”“发文落实”现象。由于缺乏有效的检查监督机制和激励奖惩机制，农垦干部的积极性和工作潜能没有得到发挥。

第五章　新时代农垦改革思想与改革思路

第一节　新时代农垦改革思想

一、统筹兼顾的思想

2015年，习近平总书记在改革领导小组会议上指出，我国农垦是在特定历史条件下为承担国家使命而建立的。推进农垦改革发展，要坚持社会主义市场经济改革方向，坚持政企分开、社企分开，以保障国家粮食安全和重要农产品有效供给为核心，以推进垦区集团化、农场企业化改革为主线，依靠创新驱动，加快转变经济发展方式，推进资源资产整合、产业优化升级，建设现代农业的大基地、大企业、大产业，全面增强内生动力、发展活力、整体实力，发挥现代农业建设的骨干引领作用。要加强党对农垦工作的组织领导，加强对农垦资产的管理，防止国有资产的流失。要按照统筹兼顾、标本兼治、上下联动、点面结合的原则稳步推进。

二、现代农业的思想

2017年，习近平总书记在黑龙江北大荒考察调研时指出，黑龙江是农业大省和粮食主产区，要统筹抓好现代农业产业体系、生产体系、经营体系建设，因地制宜地推进多种形式规模经营，用规模经营提升农业竞争力、增加农民收入。

要深化国有农垦体制改革，建设现代农业大基地、大企业、大产业。要采取工程、农艺、生物等多种措施，调动农民积极性，共同把黑土地保护好、利用好。

三、三产融合发展的思想

随着我国经济进入新常态，农业农村经济发展的内外部环境正在发生深刻变化。党的十八届五中全会明确提出，要大力推进农业现代化，加快转变农业发展方式。中央经济工作会议强调，要保障农产品有效供给，保障口粮安全，保障农民收入稳定增长，为推进结构性改革创造良好环境。农垦土地资源丰富，生产潜力巨大，农产品商品率高，一二三产业融合发展。近年来，农垦企业发展活力、内生动力、整体实力进一步增强，初步打造了一批具有市场竞争力的大型现代农业企业集团，完全有条件成为关键时刻靠得住、顶得上和应得急的重要力量，在我国农业现代化建设和经济社会发展全局中的地位不可或缺、作用不可替代。进一步推进农垦改革发展，是关系到掌握农业农村经济发展主动权、坚持和完善我国基本经济制度、巩固党的执政基础的大事。新时期农垦事业只能加强、不能削弱。

四、政治责任的思想

习近平总书记在中央党校省部级主要领导干部班上强调，全党必须旗帜鲜明讲政治，各级领导干部要担负起政治责任和领导责任。推进农垦改革，中央有明确要求。这是党中央、国务院做出的重大决策部署，也是中央改革办重点督办的改革事项，是在“全面深化改革”全局中明确了时间表、路线图的改革事项，是必须按时完成的“硬任务”。明确要求各级党委政府是农垦改革的责任主体，中办、国办分工意见把农垦改革细化为 51 项重点任务，改革的方向、目标、任务、责任都已明确，关键是抓落实。各地各部门必须向党中央看齐，向党中央决策部署看齐，从与党中央保持一致的政治高度，把农垦改革摆上重要议事日程，坚定不移地加快推进。

五、把农垦打造成“现代航母”的思想

习近平总书记于 2016 年 5 月 25 日在黑龙江省考察时提出农垦要“努力形成农业领域的航母”，为农垦事业指明前进方向，是新时代农垦改革发展的基本方略和根本遵循。全国农垦上下要将思想和行动切实统一到党中央重要指示精神上

来，进一步增强自觉性和使命感，进一步改革开放，进一步创新争优，为打造新时代中国农垦“现代农业航母”贡献力量。打造农垦“现代农业航母”，要以服务国家战略为宗旨，以垦区集团化、农场企业化改革为主线，坚持社会主义市场经济改革方向，坚持立足农业、协同经略。近期要尽快组织制订打造农垦“现代农业航母”战略规划，全力推进“两个3年”改革任务落实落地，积极争取地方落实“一衔接、两覆盖”，加快建设一支强有力的经营管理队伍，加快形成与中国特色社会主义市场相适应的农垦新体制。

第二节　新时代农垦改革的基本思路

一、剥离国有农场的社会职能

目前农垦改革任务落实进展缓慢，多数垦区的社会职能移交还没有真正动起来，还有756个基础教育机构、955个医疗卫生机构没有移交，其中既有部分农场所在地政府财力不足、编制不够、遗留问题解决难度大等客观原因，也有一些农场把社会职能视为手中的资源和权力，不想改、不愿改思想较重等主观原因。农垦的同志特别是农场的同志，要坚决断了“接着办、拖着办”的念想。

各垦区要转变观念，坚决推进办社会职能改革，按照坚定方向、先易后难、平稳有序的原则，加快推进机构和人员移交，早改是工作成绩，晚改是工作不力。要建立改革台账，抓紧梳理出办社会职能机构清单，逐个机构制定改革方案，挨个农场推动落实，2017年上半年要细化出改革路线图、时间表，明确职能由谁来办、机构怎么交、人员到哪里去，然后紧盯不放抓落实，要规划到位、落实到位。要妥善处置人员、资产、债务等问题，高度重视超编制人员的安置问题，决不能借改革之机安插新的人员，移交的机构人事要冻结；清理核实办社会机构的资产债务，推动资产债务同步划转，严防改革过程中出现资产流失。要落实以省为主的经费保障机制，2016年10月，6部委联合印发了《农垦国有农场办社会职能改革实施方案》，中央财政将以先改后补、以奖代补的方式支持各地改革，但主要还是靠地方，要以省为主筹集经费。各地要抓紧建立财政资金保障机制，拿出真金白银，为改革提供有力保障。

二、加快推进土地确权登记发证

目前，农垦土地确权发证率只有 31.5%，距离 2018 年底要基本完成确权登记的发证任务时间非常紧迫。2016 年底，国土资源部、财政部和农业部联合出台了《关于加快推进农垦国有土地使用权确权登记发证工作的通知》，对确权工作作了全面部署，中央财政安排了专项补助资金。可以说，中央的态度是积极的、决心是坚定的、支持力度也是前所未有的，各地要高度重视这件事情。农垦的同志一定要抓住这次机遇，绝不能因为怕麻烦而绕着走，绝不能以各种理由拖延确权发证。各地要加紧调处农垦土地确权争议，按照“尊重历史、面对现实、互利互让”的原则，妥善处理和化解矛盾纠纷。在这个问题上，当地政府要进一步增强大局意识，善于解决纠纷，调处疑难问题。要强化工作调度，建立“一月一报告、一季一督导”的工作机制，明确每个农场、每块地的确权时限和责任人。要把耕地确权放在首要位置，率先干起来，加紧确权发证，然后要优先划定为永久基本农田。对于那些不急于使用的大片荒地，也不能以为价值不高、权属清晰就拖着不办，要按照中央要求，不折不扣地做好确权发证工作。

三、加快推进垦区集团化改革步伐

农垦改革的核心是垦区管理体制改革。集团化是垦区管理体制改革的主导方向。这既是对以往实践经验的总结，也是对未来发展方向的科学决策，只有走企业化集团化之路，才能真正增强农垦整体实力和发展活力。经过多年发展，农垦系统已建成数量众多的国有企业，拥有大量国有资产，通过深化改革，完全有能力成为世界级农业企业。上海、北京、宁夏等地区的集团化走在前面，发展得很好。建设现代农业企业集团不是简单搭个机构、挂个牌子，也不是简单地把农场拼在一起注册公司，做表面文章。要加快实现从行政管理向市场经营的转轨，从“一个机构、两块牌子”逐步向“一个机构、一块牌子”转变。要聚焦现代农业这个主导产业，积极推进组建专业化、区域化的现代农业企业集团，做强做优做大农垦企业。

第三节　新时代农垦改革的保障措施

一、加强党的领导和建设

充分发挥农垦党组织的政治核心作用，切实加强基层党组织建设，坚持农垦改革发展方向，保证和监督各项政策的贯彻实施。农垦各级党组织要严格落实党建工作责任制，切实履行从严治党的责任。把农垦改革与党的建设紧密结合起来，保证党组织机构健全、党务工作者队伍稳定、党组织和党员作用得到有效发挥。把加强党的领导和完善农垦企业公司治理统一起来，创新党组织发挥政治核心作用的途径和形式。加强农垦各级领导班子思想作风和反腐倡廉建设，强化对农垦企业领导人员履职行权的监督。深入细致地开展思想政治工作，及时研究解决农垦改革发展的新情况和新问题，保障农垦职工合法权益，确保农垦改革稳步有序推进。

二、落实地方和部门责任

各级地方党委和政府要把推进农垦改革发展放在重要位置，加强组织领导，坚持问题导向和底线思维，强化统筹协调，切实抓好落实，确保垦区经济持续健康发展和社会和谐稳定。在依法编制经济社会发展规划、城乡规划、土地利用总体规划、新型城镇化发展规划及公共服务体系等规划时，要将农垦纳入其中并同步组织实施。各省（自治区、直辖市）党委和政府要按照《中共中央国务院关于进一步推进农垦改革发展的意见》精神，结合当地实际，研究制定推进农垦改革发展的具体实施方案。国家有关部门要积极支持在若干垦区先行试点，总结经验，加快推进。国家发展和改革委员会要做好规划衔接，安排相关建设项目时要对农垦加大支持力度；财政部要根据农垦管理体制和改革发展需要，稳步加大对农垦的投入，将农垦全面纳入国家强农惠农富农和改善民生政策的覆盖范围；金融等有关部门要支持符合条件的农垦企业上市融资，并积极鼓励农垦企业通过债券市场筹集资金；其他部门要按照职责分工，落实有关政策措施。

三、切实转变农垦管理职能

适应推进农垦改革发展需要，加强农垦管理部门能力建设，落实国家赋予农垦系统的任务。农垦管理部门要进一步简政放权，转变工作职能，创新工作方式，切实履行行业指导管理、国有资产监管等职责，按组织程序推荐任命农垦企业负责人，加强企业负责人薪酬和业务费管理。不得擅自解散、下放、撤销国有农场，国有农场合并、分设、调整等体制变动，须征求上级农垦管理部门的意见。完善中央直属垦区现行“部省双重领导、以省为主”的管理体制，制定管理办法，厘清国家有关部门和省级政府职责，建立权责统一、管理规范、决策民主的制度体系，有效落实党风廉政建设主体责任和监督责任，完善权力运行约束监督机制。中央直属垦区主要领导干部任免、管理机构设置及人员编制、重大体制改革、资产处置等事项，须按照职责分工，征求国家有关部门意见。国家支持农垦改革发展的相关政策同样适用于新疆生产建设兵团。

四、大力弘扬农垦精神

推进农垦改革发展，从根本上要靠农垦自身的努力。农垦各级领导干部要率先垂范、廉洁奉公、敢于担当，团结带领广大干部职工积极投身于农垦改革发展。农垦干部职工要以主人翁的精神，克服“等、靠、要”思想，发扬农垦优良传统作风，牢固树立开拓创新和市场竞争意识，增强推进农垦改革发展的自觉性主动性。加强农垦经营管理人才引进和培训，着力培养一批懂市场、善经营、会管理的优秀企业家，造就一支热爱农垦、献身农垦的高素质干部职工队伍。大力弘扬“艰苦奋斗、勇于开拓”的农垦精神，推进农垦文化建设，汇聚起推动农垦改革发展的强大精神力量。

第六章　农垦改革对扶贫攻坚与乡村振兴的影响

第一节　乡村振兴发展战略

一、乡村振兴背景

党的十八大以来，在以习近平同志为核心的党中央的坚强领导下，我们坚持把解决好“三农”问题作为全党工作的重中之重，持续加大强农惠农富农政策力度，扎实推进农业现代化和新农村建设，全面深化农村改革，农业农村发展取得了历史性成就，为党和国家事业全面开创新局面提供了重要支撑。5 年来，粮食生产能力跨上新台阶，农业供给侧结构性改革迈出新步伐，农民收入持续增长，农村民生全面改善，脱贫攻坚战取得决定性进展，农村生态文明建设显著增强，农民获得感显著提升，农村社会稳定和谐。农业农村发展取得的重大成就和“三农”工作积累的丰富经验，为实施乡村振兴战略奠定了良好基础。

农业农村农民问题是关系国计民生的根本性问题。没有农业农村的现代化，就没有国家的现代化。当前，我国发展不平衡不充分问题在乡村最为突出，主要表现在：农产品阶段性供过于求和供给不足并存，农业供给质量亟待提高；农民适应生产力发展和市场竞争的能力不足，新型职业农民队伍建设亟须加强；农村基础设施和民生领域欠账较多，农村环境和生态问题比较突出，乡村发展整体水平亟待提升；国家支农体系相对薄弱，农村金融改革任务繁重，城乡之间要素合理流动机制亟待健全；农村基层党建存在薄弱环节，乡村治理体系和治理能力亟待强化。实施乡村振兴战略，是解决人民日益增长的美好生活需要和不平衡不充分的发展之间矛盾的必然要求，是实现“两个一百年”奋斗目标的必然要求，是实现全体人民共同富裕的必然要求。

在中国特色社会主义新时代，乡村是一个可以大有作为的广阔天地，迎来了难得的发展机遇。我们有党的领导的政治优势，有社会主义的制度优势，有亿万农民的创造精神，有强大的经济实力支撑，有历史悠久的农耕文明，有旺盛的市场需求，完全有条件、有能力实施乡村振兴战略。必须立足国情农情，顺势而为，切实增强责任感、使命感、紧迫感，举全党全国全社会之力，以更大的决心、更明确的目标、更有力的举措，推动农业全面升级、农村全面进步、农民全面发展，谱写新时代乡村全面振兴的新篇章。

二、实施乡村振兴战略的指导思想

全面贯彻党的十九大精神，以习近平新时代中国特色社会主义思想为指导，加强党对“三农”工作的领导，坚持稳中求进的工作总基调，牢固树立新发展理念，落实高质量发展的要求，紧紧围绕统筹推进“五位一体”总体布局和协调推进“四个全面”战略布局，坚持把解决好“三农”问题作为全党工作的重中之重，坚持农业农村优先发展，按照产业兴旺、生态宜居、乡风文明、治理有效、生活富裕的总要求，建立健全城乡融合发展体制机制和政策体系，统筹推进农村经济建设、政治建设、文化建设、社会建设、生态文明建设和党的建设，加快推进乡村治理体系和治理能力现代化，加快推进农业农村现代化，走中国特色社会主义乡村振兴道路，让农业成为有奔头的产业，让农民成为有吸引力的职业，让农村成为安居乐业的美丽家园。

三、乡村振兴目标任务

按照党的十九大提出的决胜全面建成小康社会、分两个阶段实现第二个百年奋斗目标的战略安排，实施乡村振兴战略的目标任务是：

到 2020 年，乡村振兴取得重要进展，制度框架和政策体系基本形成。农业综合生产能力稳步提升，农业供给体系质量明显提高，农村一二三产业融合发展水平进一步提升；农民增收渠道进一步拓宽，城乡居民生活水平差距持续缩小；现行标准下农村贫困人口实现脱贫，贫困县全部摘帽，解决区域性整体贫困；农村基础设施建设深入推进，农村人居环境明显改善，美丽宜居乡村建设扎实推进；城乡基本公共服务均等化水平进一步提高，城乡融合发展体制机制初步建立；农村对人才吸引力逐步增强；农村生态环境明显好转，农业生态服务能力进一步提高；以党组织为核心的农村基层组织建设进一步加强，乡村治理体系进一步完善；党的农村工作领导体制机制进一步健全；各地区各部门推进乡村振兴的思路举措得以确立。

到2035年，乡村振兴取得决定性进展，农业农村现代化基本实现。农业结构得到根本性改善，农民就业质量显著提高，相对贫困进一步缓解，共同富裕迈出坚实步伐；城乡基本公共服务均等化基本实现，城乡融合发展体制机制更加完善；乡风文明达到新高度，乡村治理体系更加完善；农村生态环境根本好转，美丽宜居乡村基本实现。到2050年，乡村全面振兴，农业强、农村美、农民富全面实现。

四、乡村振兴的基本原则

1. 坚持党管农村工作

毫不动摇地坚持和加强党对农村工作的领导，健全党管农村工作的领导体制机制和党内法规，确保党在农村工作中始终总揽全局、协调各方，为乡村振兴提供坚强有力的政治保障。

2. 坚持农业农村优先发展

把实现乡村振兴作为全党的共同意志、共同行动，做到认识统一、步调一致，在干部配备上优先考虑，在要素配置上优先满足，在资金投入上优先保障，在公共服务上优先安排，加快补齐农业农村短板。

3. 坚持农民主体地位

充分尊重农民意愿，切实发挥农民在乡村振兴中的主体作用，调动亿万农民的积极性、主动性、创造性，把维护农民群众根本利益、促进农民共同富裕作为出发点和落脚点，促进农民持续增收，不断提升农民的获得感、幸福感、安全感。

4. 坚持乡村全面振兴

准确把握乡村振兴的科学内涵，挖掘乡村多种功能和价值，统筹谋划农村经济建设、政治建设、文化建设、社会建设、生态文明建设和党的建设，注重协同性、关联性，整体部署，协调推进。

5. 坚持城乡融合发展

坚决破除体制机制弊端，使市场在资源配置中起决定性作用，更好发挥政府作用，推动城乡要素自由流动、平等交换，推动新型工业化、信息化、城镇化、农业现代化同步发展，加快形成工农互促、城乡互补、全面融合、共同繁荣的新型工农城乡关系。

6. 坚持人与自然和谐共生

牢固树立和践行“绿水青山就是金山银山”的理念，落实节约优先、保护优先、自然恢复为主的方针，统筹山水林田湖草系统治理，严守生态保护红线，以绿色发展引领乡村振兴。

7. 坚持因地制宜、循序渐进

科学把握乡村的差异性和发展走势分化特征，做好顶层设计，注重规划先行、突出重点、分类施策、典型引路。既尽力而为，又量力而行，不搞层层加码，不搞“一刀切”，不搞形式主义，久久为功，扎实推进。

第二节　农垦改革对促进乡村振兴的意义

一、农垦发展是乡村振兴战略的重要内容

农垦发展始终围绕“农业”，粮食生产是许多国有农场的重要任务。农垦作为乡村振兴的重要力量，发挥着重要作用。首先，农垦全面落实永久基本农田特殊保护制度，加快划定和建设粮食生产功能区、重要农产品生产保护区，完善支持政策。其次，农垦企业着力加快建设国家农业科技创新体系，加强面向全行业的科技创新基地建设。深化农业科技成果转化和推广应用改革。农垦企业在发展现代农作物、畜禽、水产、林木种业方面具有较强竞争能力。此外，农垦企业在高标准繁殖、育种基地、农机装备产业转型升级方面具有优势。通过支持农垦企业，优化农业从业者结构，加快建设知识型、技能型、创新型农业经营者队伍，大力发展数字农业，实施智慧农业林业水利工程，推进物联网试验示范和遥感技术应用，从而推动我国乡村振兴发展。

二、农垦改革创新为乡村振兴提供典范

农垦企业在制定和实施国家质量兴农战略方面走在前列。农垦企业通过推进农业绿色化、优质化、特色化、品牌化，调整优化农业生产力布局，推动农业由增产导向转向提质导向。许多农垦企业创建了特色农产品优势区和现代农业产业园、农业科技园。因此，农垦的发展为实施产业兴村强县行动，推行标准化生产，培育农产品品牌，保护地理标志农产品，打造一村一品、一县一业发展新格局提供了重要典范。此外，农垦企业在发展现代高效林业，实施兴林富民行动方面也发挥着重要作用。当前，我们要切实发挥农垦在质量兴农中的带动引领作用，实施食品安全战略，完善农产品质量和食品安全标准体系，加强农业投入品和农产品质量安全追溯体系建设，健全农产品质量和食品安全监管体制，重点提高基层监管能力。

三、农垦改革为促进小农户和现代农业发展有机衔接提供经验

统筹兼顾培育新型农业经营主体和扶持小农户，是乡村振兴的重要难题。农垦改革发展过程中，面临着传统农业向现代农业的转型发展，在促进小农户和现代农业发展有机衔接方面积累较多经验。当前，我们充分总结农垦改革经验，采取有针对性的措施，把小农生产引入现代农业发展轨道。培育各类专业化市场化服务组织，推进农业生产全程社会化服务，帮助小农户节本增效。发展多样化的联合与合作，提升小农户组织化程度。要注重发挥新型农业经营主体的带动作用，打造区域公用品牌，开展农超对接、农社对接，帮助小农户对接市场。大力促进农垦企业与小农户衔接，促进家庭农场发展生态农业、设施农业、体验农业、定制农业，提高产品档次和附加值，拓展增收空间。

第三节　农垦改革对革命老区扶贫的相互促进作用

一、江西革命老区扶贫形势

革命老区是党和人民军队的根，老区和老区人民为中国革命胜利和社会主义

建设做出了重要贡献。改革开放40年来，在党中央、国务院的关心和支持下，老区面貌发生了深刻变化，老区人民生活水平显著改善，但由于自然、历史等多重因素的影响，一些老区发展相对滞后、基础设施薄弱、人民生活水平不高的矛盾仍然比较突出，脱贫攻坚任务相当艰巨。为进一步加大扶持力度，加快老区开发建设步伐，让老区人民过上更加幸福美好的生活，到2020年，老区基础设施建设取得积极进展，特色优势产业发展壮大，生态环境质量明显改善，城乡居民人均可支配收入增长幅度高于全国平均水平，基本公共服务主要领域指标接近全国平均水平，确保我国现行标准下农村贫困人口实现脱贫，贫困县全部摘帽，解决区域性整体贫困。

贫困山区是全国全面建成小康社会的短板，贫困老区更是短板中的短板。要把贫困老区作为老区开发建设的重中之重，充分发挥政治优势和制度优势，主动适应经济发展新常态，着力改善发展环境与条件，激发市场主体的创新活力，推动相关资源要素向贫困老区优先集聚、民生政策向贫困老区优先覆盖、重大项目向贫困老区优先布局，尽快增强贫困老区发展内生动力。要切实解决好老区贫困人口脱贫问题，全面保障和改善民生，是加快老区开发建设的出发点和落脚点。要打破惯性思维，采取超常规举措，加快科学扶贫和精准扶贫，加大帮扶力度，提高优抚对象待遇水平，办好老区民生实事，使老区人民与全国人民一起共享全面建成小康社会成果。要以集中解决突出问题为重点，全面推动老区的开发、开放。加快老区开发建设步伐，基础设施是首要条件，资源开发和产业发展是关键环节，改革开放是根本动力，生态环境是发展底线，老区精神是活力源泉。要围绕重点领域和薄弱环节，明确工作思路，选准主攻方向，发扬“钉钉子”精神，使老区面貌明显改善，人民生活水平显著提升。

二、革命老区扶贫对农垦发展的直接影响

其一，革命老区扶贫必将加快重大基础设施建设，有利于打破农垦发展瓶颈。具体措施如下：大力推进老区高级公路建设，优先布局一批铁路项目并设立站点，积极布局一批支线和通用机场，支持有条件的老区加快港口、码头、航道等水运基础设施建设，力争实现老区所在地级市高速公路通达、加速铁路基本覆盖。加快推动老区电网建设，支持大用户直供电和工业企业按照国家有关规定建设自备电厂，保障发展和用能需求。增加位于贫困老区的发电企业年度电量计划，提高水电工程留存电量比例。加大老区地质灾害防治、矿山环境治理和地质

灾害搬迁避让工程实施的力度。完善电信普遍服务补偿机制，支持老区加快实施“宽带中国”战略、“宽带乡村”工程，加大网络通信基础设施建设力度。优先支持老区重大水利工程、中型水库、病险水库水闸除险加固、灌区续建配套与节水改造等项目建设，加大贫困老区抗旱水源建设、中小河流治理和山洪灾害防治力度。支持老区推进土地整治和高标准农田建设，在安排建设任务和补助资金时予以倾斜。

其二，革命老区扶贫将促进重大项目建设，部分项目将惠及农垦。具体项目支持包括：编制实施国民经济和社会发展“十三五”规划等中长期规划时，对老区予以重点支持，积极谋划一批交通、水利、能源等重大工程项目，优先纳入相关专项规划。全面实施赣闽粤原中央苏区、陕甘宁、左右江、大别山、川陕等老区振兴发展规划和集中连片特困地区区域发展与脱贫攻坚规划，加快落实规划项目和政策。推动大型项目、重点工程、新兴产业在符合条件的前提下优先向老区安排。探索建立老区重大项目审批核准绿色通道，加快核准审批进程，对重大项目环评工作提前介入指导。

其三，扶贫资金投入，有利于农垦企业发展。随着老区转移支付资金规模增大，其支持范围也不断扩大，许多农垦企业实施“公司＋农户＋贫困户”模式。具体资金支持方式如下：加大中央预算内投资和专项建设基金对老区的投入；加大中央和省级财政投资补助比重；在公共服务等领域积极推广政府与社会资本合作、政府购买服务等模式；鼓励和引导各类金融机构加大对老区开发建设的金融支持；鼓励各银行业金融机构总行合理扩大贫困老区分支机构授信审批权限；加大支农再贷款、扶贫再贷款对贫困老区的支持力度，建立健全信贷资金投向老区的激励机制；支持具备条件的民间资本在老区依法发起设立村镇银行、民营银行等金融机构，推动有关金融机构延伸服务网络、创新金融产品；鼓励保险机构开发老区特色优势农作物保险产品，支持贫困老区开展特色农产品价格保险。

三、农垦企业对革命老区扶贫的促进作用

其一，加强农垦企业有序开发优势资源，切实发挥辐射带动效应。鼓励农垦企业与民营资本组建混合所有制企业，因地制宜开发革命老区农业资源，有序发展绿色食品、有机食品、观光农业、现代农业、设施农业，利用“互联网＋”模式，大力创造农业新业态、新模式，大力开办家庭农场，加快推进技术创新，实现资源就地加工转化利用。增加专项对贫困老区基础性、公益性项目的投入，

引导社会资本积极支持老区开展农业科技示范基地建设。通过“农场+合作社+农户+贫困户”或“农场+农户+贫困户”模式，使农垦发展对革命老区扶贫事业产生积极影响。

其二，着力培育壮大特色产业，不断增强扶贫“造血”功能。通过推进老区农垦一二三产业融合发展，延长农业产业链，让更多农户分享农业全产业链和价值链增值收益。通过做大做强农垦农民合作社，积极推广适用新品种、新技术，打造一批农垦特色农产品加工示范园区，鼓励垦区开展无公害农产品、绿色食品、有机农产品及地理标志农产品认证。积极发展农垦特色农产品交易市场，鼓励大型零售超市与贫困老区农垦合作社开展农超对接。大力发展农垦电子商务，引导电商企业开辟老区农垦特色农产品网上销售平台，加大对农产品品牌推介营销的支持力度。

其三，依托农垦良好的自然环境，积极发展休闲农业和生态农业，带动产业扶贫。要在老区农垦场打造一批具有较大影响力的养生养老基地和休闲度假目的地。充分挖掘老区农垦山林资源，积极发展木本油料、特色经济林产业和林下经济。利用老区农垦丰富的文化资源，振兴传统工艺，发展特色文化产业。支持老区农垦建设红色旅游经典景区，优先支持老区农垦创建国家级旅游景区。加大农垦跨区域旅游合作力度，重点打造国家级红色旅游经典景区和精品线路，加强旅游品牌推介，着力开发红色旅游产品，培育一批具有较高知名度的旅游节庆活动。支持老区农垦因地制宜开展“互联网+”试点。积极发展适合老区的信息消费新产品、新业态、新模式。

实践篇

第一章　六十年来江西农垦实践与探索

第一节　江西农垦精神及其形成

六十年前，江西五万多名党政机关干部、转业军人、知识青年积极响应中央和省“开发山区、建设山区”的伟大号召，奔赴全省各地，跋山涉水、餐风饮露，开始了创建垦殖场这一改天换地、宏伟壮丽的事业，农林牧副渔、工商建运服十业并举，充满生机与活力的综合性垦殖场如雨后春笋般拔地而起。江西农垦事业的发展壮大，开辟了现代农业建设的新模式，闯出了产业融合发展的新路径，谱写了生态文明建设的新篇章，为全省解决“三农”问题、推动“三农”发展贡献了农垦智慧、提供了农垦方案。

在历史长河中，六十年不过是弹指一挥的短暂一瞬，但对于一代又一代特别能吃苦、特别能战斗、特别能奉献的江西农垦人，却是一段艰难困苦创伟业、玉汝于成奔小康的铭心记忆和不朽历程，不仅浸透了创建时的艰辛、曲折时的坚持、发展中的探索、前进中的创新，而且用汗水和热血演绎了“艰苦奋斗、勇于开拓”的伟大农垦精神。

农垦精神是农垦人在开发建设农垦壮丽事业的过程中所表现出来的高度的政治觉悟、崇高的思想境界、奋发向上的精神风貌和无私奉献的核心价值观，是井冈山精神、长征精神、南泥湾精神的传承，是革命精神的结晶与时代精神的体现，是几代农垦人风雨兼程、守望相传、生命不止、奋斗不息的传家宝。

江西农垦改革发展的历程反复证明，无论什么年代、什么环境、什么条件，

“艰苦奋斗、勇于开拓”的农垦精神都是信仰之基、力量之源、精神之钙、行动之本。面对生活环境极其艰苦、生产条件极其恶劣的创建初期，如果没有艰苦奋斗、勇于开拓的精神，就不可能建立农垦、发展农垦、壮大农垦；面对百年不遇的特大洪涝灾害，如果没有艰苦奋斗、勇于开拓的精神，就不可能夺取抗洪抢险、生产自救、重建家园的最后胜利；面对陷入连续9年全行业亏损、工农业生产和基本建设遭受严重影响的困境，如果没有艰苦奋斗、勇于开拓的精神，就不可能众志成城、攻坚克难、开创崭新局面；面对被称为全省全系统最难啃的硬骨头的农垦改革，如果没有艰苦奋斗、勇于开拓的精神，就不可能实现“职工得实惠、企业添活力、社会促和谐”的改革目标；面对实施危房改造、推进垦区新型城镇化建设的重任，如果没有艰苦奋斗、勇于开拓的精神，就不可能创造出被新华社誉为“中国棚改·江西农垦样板”的重大成就。

精神是最具凝聚力、开拓力、创造力的品牌。六十年来，江西农垦以逢山开路的气概、破冰前行的魄力、化繁为简的智慧、实干为要的执着，勇立改革潮头、勇担历史责任，用改革的丰硕成果、发展的喜人成绩、稳定的和谐局面，赋予了“艰苦奋斗、勇于开拓”的农垦精神更为丰富的内涵、更为深刻的寓意、更为独特的魅力。

1. 艰苦奋斗是最硬的作风

创建初期，面对一无基建资金、二无房屋设备的艰难局面，江西农垦干部职工不畏艰险，迎难而上，在地广人稀、山高水冷的山沟里，在荒凉的红壤山地上，在血吸虫病多发的湖滨滩涂上，搭茅棚、烧砖瓦、开荒地、挖水塘、修公路，建立起了一个个对集体农业具有重要指导示范作用的国营综合垦殖场。1958年，江西农垦修建的简易公路长达1500公里，相当于“一五”计划期间江西省新修公路的总长度；1963年，江西农垦粮食总产量达到20700万斤，由1962年缺粮4149万斤转为上交国家商品粮1500万斤。在经济遭受严重破坏的艰难时期，江西农垦干部职工顶住压力、顽强拼搏，紧紧抓住市场日用工业品异常短缺的机遇，大力创办水泥、造纸、火柴、纺织器材、羽绒制品、畜产品加工等工业企业，实现了场办工业的快速发展。1978年，江西农垦场办工业企业由1965年的288家增加到581家，工业产值达到了2.18亿元，占全省工业总产值的9.4%，成为全省工业经济的中流砥柱。如今，江西农垦已经扎根于全省77个县市区，成为区域经济发展的重要引擎与支撑。

2. 勇于拼搏是最亮的底色

1957 年，江西农垦在人烟稀少的荒山湖滨点燃“星星之火”，创造了燎原全省的辉煌；1978 年，江西农垦敢为人先，大力兴办场办工业企业，创造了工业经济的辉煌；1984 年，江西农垦率先发展开放型经济，出口创汇排名全国农垦第三，创造了对外贸易的辉煌；1990 年，江西农垦多业并举、全面发展，实现了十几个县的产值和利税的同步增长，创造了综合实力的辉煌；2008 年，江西农垦绿色食品总数进入全国前八名、有机食品总数连续五年取得全国第一名的佳绩，创造了绿色有机的辉煌；2013 年，江西农垦以危房改造引领新型城镇化建设，打造“中国棚改·江西农垦样板”，创造了新型城镇化的辉煌；2015 年，江西农垦农产品质量追溯体系建设项目总数位居全国农垦第二，创造了质量追溯的辉煌。

3. 改革创新是最美的旋律

20 世纪 60 年代，江西农垦探索推行“样板 + 基地 + 科研 + 技术”的改革模式，取得了良好成效，被称为“高产的样板、良种的基地、科研的场所、技术的学校”，为推动江西省农业科技进步、支持城市建设和工业发展做出了突出贡献，彰显出不可替代的“农垦地位”；20 世纪八九十年代，江西农垦大力推进以市场为导向的体制改革，走出了一条农工商综合经营和贸工农一体化发展的路子，有效地解决了传统计划经济体制下形成的运行体制与市场经济脱轨的问题，成为当时推进全省农业商品化、产业化进程的中坚力量，开创了万众瞩目的“农垦时代”；2010 年，江西农垦全力实施以落实“一补两险”、剥离社会职能、化解企业债务为核心内容的综合改革，走出了一条以改革保增长、惠民生、促和谐的成功之路，形成了可借鉴、可复制、可推广的国企改革“农垦经验”；2015 年以来，江西农垦深入贯彻落实中央、江西省委关于推进农垦改革发展的重大决策部署，着力加快推进“资源变资产、资产变资本、资本变股本”的改革步伐，积极组建区域性农垦集团公司，全面促进农场企业化进程，致力为江西省农业供给侧结构性改革提供多样性、多元化的“农垦样本”。

4. 拼搏创富是共同梦想

六十年来，江西农垦国民生产总值增长了 1419 倍，工农业总产值增长了 1393 倍；累计完成固定资产投资 1554 亿元，累计上缴税金 166 亿元，累计提供商品粮 865 万吨、生猪 1460 万头、水产品 53 万吨、油料 38 万吨、禽蛋 14 万吨、茶叶 10 万吨，为保障粮食等主要农产品有效供给提供了有力支援，做出了重要贡献。回顾六十年的发展历程，永远不能忘记：江西农垦事业的发展壮大，凝聚着党中央国务院以及省委省政府的高度重视和亲切关怀，镌刻着老一辈农垦开拓者为开发山区、建设山区、发展农垦、壮大农垦的无私奉献和所做的重大贡献，倾注着各级党委政府和社会各界一直以来对农垦事业的关心理解和大力支持。

回顾六十年的发展历程，必须时刻铭记：正是在中国共产党的坚强领导下，江西农垦才经受住了无数次的严峻考验，战胜了无数次的艰难险阻，走上了奔向全面小康的光明大道；正是在中国共产党的正确领导下，江西农垦才得以全面解放思想，奋力开拓创新，迈入了全面持续快速健康发展的蜜月时期；正是在中国共产党的伟大领导下，江西农垦才朝着建设“富裕美丽幸福农垦”的目标，在科学发展、绿色崛起的征途上阔步前进。始终坚持党的领导，坚定不移地跟党走。这是江西农垦事业从无到有、从小到大、从弱到强，不断破浪前行、发展壮大的根本所在；是江西农垦事业博观约取、厚积薄发，不断开拓创新、担当作为的动力所在；是江西农垦事业奋发图强、永不言败，不断立稳负重、行稳致远的法宝所在。

第二节　江西农垦改革发展的“四梁八柱”

立足今日，站在建设全面小康垦区的新起点，站在推进新一轮改革发展的新跑道，江西农垦以“明知山有虎，偏向虎山行”的勇气大刀阔斧深化改革，以“图难于其易，为大于其细”的智慧运筹帷幄、加快发展，以“咬定青山不放松”的决心严明责任、狠抓落实，坚冰已打破、基础已夯实，平台已搭建、航道已开通，推动农垦事业全面持续健康发展的“四梁八柱”主体框架已经基本确立。

一、“三向三区”的发展构架基本形成

通过“人口向总部集中”，一批更具活力、更富特色、更有潜力、宜居宜业的农垦新城区纷纷建成，破解了城镇化进程中基础设施投入过大、资源重复浪费的难题；通过“产业向园区聚集”，一批以先进技术为支撑、完整产业链条为保障的农垦新园区纷纷落成，增强了垦区对区域经济发展的辐射引领作用；通过

“农业向现代化转变”，一批具有现代农业气息、旅游资源丰富、文化底蕴深厚、功能设施齐全的农垦新景区纷纷运营，推动了农业外部功能的拓展与产业间的融合发展。

二、“提升效率、确保公平、维护稳定、促进发展”的运行机制基本建立

通过调结构、转方式、促升级，“十二五”规划期末，江西农垦主要经济指标实现了翻番式增长，生产总值达220.98亿元，比“十一五”规划期末增长了124.86%；工农业总产值达779.46亿元，增长了199.72%；固定资产总投入达246.85亿元，增长了149.95%；出口商品总额达34.48亿元，增长了199.43%；利税总额达34.8亿元，增长了168.52%；年人均纯收入达14798元，增长了145.17%；三次产业比为13∶65∶22，二三产业比重达到87.27%，比“十一五”规划期末提高了4.11%，产业结构更具竞争活力、发展方式更具质量效率。通过实施危房改造、扶贫开发、公路建设等民生工程，“十二五”规划期末，江西农垦近60万人搬入新居，13万职工实现脱贫，长达2235.1公里的垦区公路全面建成，“公平正义”的阳光照进了垦区广大职工的心坎里。通过完善养老和医疗保险体系，建立健全社会救助体系，全系统来信、来电、来访大幅下降，江西省农垦办来信、来电件次数由“十一五”规划期末的每三天1件次下降到“十二五”规划期末的每月1件次；来访人次由“十一五”规划期末的每天1人次下降到“十二五”规划期末的每月5人次，和谐稳定成为垦区社会的主基色。通过培植主导产业、开发主导产品、创建主导品牌，“十二五”规划期末，江西农垦在全国农垦系统的地位进一步巩固，工农业总产值、固定资产投资总额、油料总产量在全国农垦居第六位，国民生产总值、棉花总产量排名第七，猪肉产量排名第八，粮食总产量排名第九，展现了小垦区大作为的风采。

三、“快乐农业、幸福农工、美丽农场”的规划蓝图初步展现

“十二五”规划以来，通过不断延伸农业产业链，设施农业、观光农业、休闲农业、旅游农业等农业新业态蓬勃发展，垦区农业逐步成为具有修身养性、陶冶情操、锻炼身体、放松心情等功能的“快乐农业”；通过不断改善工作生活条件，农工职业化程度越来越高，垦区农工在城乡一体化的进程中率先解决了“老有所养、病有所医、住有所居”的后顾之忧，成为名副其实的“幸福农工”；通过不断强化绿色生态理念，加大生态文明建设，垦区农场在推进新型城镇化的进

程中实现华丽蜕变，变身成为山清水秀、绿树成荫、环境优美、生态优良的“美丽农场”。

四、“老有所养、病有所医、学有所教、住有所居、业有所从、困有所济、劳有所得”的阶段目标初步实现

“十二五”规划期末，通过落实“一补两险”，全系统包括31万职工在内的参加各类社会养老保险的总人数达65万人，参加各类医疗保险的总人数达95万人；通过剥离企业办社会职能，全系统职工及其子女实现了平等接受教育、参加培训等权利；通过实施危房改造、“土地增减挂”等项目，全系统近60万人乔迁新居，喜圆安居梦；通过招商引资、创造条件、改善环境、提供服务等多种途径，全系统职工实现了充分就业；通过加强与各级民政部门的沟通协调，垦区社会救助体系得到进一步健全和完善，全系统困难家庭的基本生活得到了有效保障；通过加强与劳动人事等部门联合督察，及时发现并纠正损害职工利益的违纪违规行为，有力地保障了垦区职工按时按劳领取合法报酬。

党的十八大以来，江西农垦之所以能够奏响改革主旋律、发展最强音、和谐协奏曲，迈出实现“兴垦富民、再度辉煌”农垦愿望的新步伐，关键在于坚决贯彻落实党的基本理论、基本路线、基本方略，顺应实践要求和垦区人民愿望，推出重大举措，争取重大政策，推进重大工作，走好了“深化改革、新型城镇化建设、发展升级”三步，消除了一些长期制约农垦经济社会发展的体制性、机制性障碍，做成了几件夯基垒台、立柱架梁、谋划长远的实事。五年来，江西农垦累计实现国民生产总值967元，累计实现工农业总产值3162亿元，完成固定资产投资1133亿元，累计上缴税金103亿元，累计提供商品粮262万吨、生猪419万头、水产品16万吨，成为江西农垦史上发展速度最迅猛、发展质量最高、发展成果最丰硕的五年，为砥砺奋进、铿锵前行的江西农垦奠定了更加坚实的基石、搭建了更加广阔的平台、积蓄了更加强大的力量。

第三节 党的十八大以来江西农垦改革的关键“战役”

2010年前，江西农垦处于举步维艰的困境，高达119%的资产负债率可以让

全系统宣布破产，不断增长的养老与医疗支出牢牢锁住了农垦企业发展壮大的步伐，巨额的办社会职能费用无声无息地消耗着农垦经济做大做强的给养。凤凰涅槃，浴火重生。面对如此严峻的垦情，按照江西省委、省政府的决策部署，在充分借鉴和吸收全省国有工业企业改革成功做法和有益经验的基础上，江西农垦牢牢把握主要矛盾和矛盾的主要方面，紧紧抓住重要领域和关键环节，科学实施了一场涉及156个农垦场、31万职工，以落实“一补两险”、剥离社会职能、化解企业债务为核心内容的波澜壮阔、史无前例的重大改革，做到了牵一发而动全身、落一子而活全盘，使改革精准对接了发展所需、垦区所盼、民心所向。通过两年的精心组织和有情操作，职工养老保险、医疗保险实现了基本覆盖，各级财政直接惠及农垦职工的改革资金达25亿元，化解企业债务33亿元；学校和医疗机构基本剥离，企业办社会职能改革走在全国农垦前列；农场管理体制逐步理顺，支持农垦经济和社会事业发展的“条块”政策进一步畅通。《人民日报》、新华社、《江西日报》以充分肯定的基调全面宣传报道江西农垦改革。

一、打造了新型城镇化建设的“江西农垦样板”

按照中央统筹城乡发展的决策部署，在江西省委、省政府的正确领导下，江西农垦探索出了一条以深化改革为动力、以危房改造为主体、以土地开发为载体、以改善民生为宗旨的新型城镇化建设路子，初步实现了人口要素城镇化、空间布局城镇化、经济结构城镇化、公共服务城镇化、生活质量城镇化，打造了红桥样板、罗铺样板、万埠样板、云山样板、红星样板、华林山样板、大茅山样板等一批颇具影响和特色的新型城镇化样板，演绎了“旧时王谢堂前燕，飞入寻常百姓家”的幸福变迁，全系统城镇化率达到70%，“出门能就业、出门能上学、出门能就医”的城镇愿景已经展现在广大垦区职工眼前。截至2016年底，全系统累计实施危房改造任务27.12万户，累计完成危房改造任务23.9万户，累计落实财政补助资金67.14亿元，撬动各类社会资本近470亿元，近77万农垦人乔迁新居，生动展示了“安得广厦千万间，大庇天下寒士俱欢颜”的江西农垦实践。李克强总理在国务院调研组呈送的江西省国有林场和垦区、棚户区改造调研报告上作出重要批示：“地方有益探索取得经验应予总结和宣传。”新华社在深入调研后连续刊发13篇要闻，发布5组图片和3条视频，将江西农垦新型城镇化建设赞誉为“中国棚改·江西农垦样板”。“看得见青山，望得见绿水，记得住党的恩情”，江西农垦职工的肺腑之言、由衷之语、率真之词，成为江西农垦新型城镇化建设工作的最美注解。

二、推动了发展方式的转型升级

第一，现代农业向“智慧”升级。江西农垦按照“从产业结构上发展精致农业，从产品结构上发展精品农业，从技术结构上发展精准农业，从主体结构上发展精兵农业，从品牌结构上发展精牌农业”的目标要求，坚持把“良种、良法、良田、良态、良效”挺在前面，加大与国内骨干网络运营商共商共建共享力度，着力构建现代农业智慧化综合信息管理系统。经过六年多建设，集农业物联、电子商务、信息服务、科技推广、文化创意等于一体的智慧农业云平台为垦区现代农业插上了腾飞的翅膀。智慧农业示范园、信息化应用示范基地、沼气集中供应示范点、太阳光伏农业科技大棚、绿色生态循环农业模式、全程机械化专业服务体系等一批以科技、信息、互联网等为核心要素的智慧农业江西农垦迅速发展，不仅示范引领意义深远、辐射带动作用显著，而且深入解读了江西农垦农业是“体面产业”，农工是“体面职业”，农场是“体面家园”，从事农业能够获得“体面收入”、过上“体面生活”的质朴内涵。

第二，质量安全向“追溯”升级。江西农垦全力推进农产品质量追溯体系建设工作，铸就了“从田头追溯到心头”的安全品牌，开启了农产品“生产有记录、安全有监管、产品有标识、质量有检测、消费有信心”的“心”时代。2016 年，经原中华人民共和国农业部（以下简称农业部）批准，江西农垦农产品质量追溯体系项目建设单位达到 41 家，质量追溯基地面积超过 120 万亩，溯源产品产量达到 15 万吨，建设项目总数位居全国农垦第二。目前，江西农垦与苏宁云商集团签订《开展农产品电子商务合作意向书》，携手推动江西农垦优质农产品开拓更加广阔的国际国内市场。

第三，生态文明向“绿色”升级。为全面实施生态文明建设标准化战略，江西农垦联合质监部门在农垦系统率先开展绿色生态家园标准化建设试点工作，努力为决胜全面建成小康社会、建设富裕美丽幸福江西提供可复制、可推广的新鲜经验。试点工作启动以来，江西农垦坚持用生态文明建设要求推进绿色生态家园标准化建设工作，在空间格局、保护体系、防治机制、发展模式、人居环境的绿色生态化方面积极探索、大胆实践，截至 2016 年，全系统共有 44 家农垦场申报绿色生态家园标准化建设试点，经科学评审，批准下达了江西农垦首批 14 家绿色生态家园标准化建设试点单位。首批试点单位的开建，不仅彰显了江西农垦全面实施生态文明建设标准化战略的坚定决心和扎实行动，而且将成为进一步展示“生态环境优良、人居环境舒适、社会环境和谐”的美丽江西“农垦画卷”的重要载体和坚实平台。

第四节 新时代江西农垦改革新思路

党的十八大以来，习近平总书记的治国理政新思想、新理念、新战略，为全国“三农”工作指引了鲜明的实践导向和目标导向。2015 年 11 月，《中共中央、国务院关于进一步推进农垦改革发展的意见》（中发〔2015〕33 号）正式印发，为新时期的全国农垦事业发展指明了方向。2016 年 12 月，《中共江西省委、江西省人民政府关于进一步推进农垦改革发展的实施意见》（赣发〔2016〕23 号）正式发布，拉开了新形势下江西农垦农业供给侧结构性改革的帷幕。展望未来，江西农垦将坚持以习近平总书记新时代中国特色社会主义思想为指导，以党的十九大精神为引领，深入贯彻中发〔2015〕33 号文件及赣发〔2016〕23 号文件精神，全面落实“创新强垦增动力、协调惠垦补短板、绿色兴垦定方向、开放助垦拓空间、共享富垦谋福祉”的发展理念，不忘初心、感恩奋进，以“刀刃向内、自我革命”的勇气、“破字当头、迎难而上”的担当，冲破思想观念的障碍，突破利益固化的藩篱，开启“兴垦富民、再度辉煌”的新征程，奋力谱写无愧于新时代的壮丽篇章。这是自强不息的江西农垦即将迈出的铿锵步伐，这是心怀梦想的江西农垦响亮发出的铮铮誓言，这是江西农垦致力书写的崭新答卷。

一、实施“三变三化三合”的改革战略

牵住改革的“牛鼻子”，深入思考战略、战役、战斗层面的问题，既抓重要问题、重要任务、重要试点，又抓关键主体、关键环节、关键节点，谋定而后动，努力推动改革呈现全面发力、多点突破、纵深推进的良好局面。这是江西农垦推进新一轮改革的重要方法。

第一，实施“资源变资产、资产变资本、资本变股本”战略。“资源变资产”就是做好农垦国有土地确权登记发证工作，推进农垦土地资源资产化和资本化，全面创新农垦土地资产配置方式；“资产变资本”就是在完成土地确权颁证

工作的基础上，对土地资源进行全面评估入账，增加农垦企业资产总额，提升资产质量；“资本变股本”就是农垦企业通过构建以资本为纽带的新型母子公司经营机制，大力发展混合所有制经济，增强国有经济活力、控制力、影响力和抗风险能力。

第二，推进“农场企业化、垦区集团化、股权多元化”改革。“农场企业化”就是坚持和完善以职工家庭经营为基础、大农场统筹小农场的农业双层经营体制，积极推进多种形式的农业适度规模经营；“垦区集团化”就是鼓励农垦场数量较多、经济实力较强、产业优势明显的市、县（市、区）积极组建区域性农垦企业集团；“股权多元化”就是建立健全现代企业制度，鼓励农垦企业发展混合所有制经济。

第三，做好“整合、联合、融合”文章。“整合”就是眼睛向内抓整合，进一步整合农垦自身优势资源；“联合”就是放眼全球抓联合，本着资源互补、互惠合作的原则加强联合；“融合”就是推进一二三产业融合发展，不断完善惠农、富农的利益联结机制，以“互联网 +”推进农垦产业深度融合发展，让垦区职工分享产业链延伸、产业功能拓展的红利。

二、形成“四区”建设的定位布局

在决胜全面小康社会的进程中，垦区职工对美好生活的向往更加强烈，期盼有更好的教育、更稳定的工作、更满意的收入、更可靠的社会保障、更高水平的医疗卫生服务、更舒适的居住条件、更优美的环境、更丰富的精神文化生活。建设成为绿色生态产业的聚集区、农业现代化的示范区、新型城镇化的样板区、全面小康的先行区，不仅是江西省委、省政府站在新的高度对农垦赋予的新定位，更是江西农垦站在新的起点对未来的新担当、对广大职工呼声的坚实回应。牢牢把握“四区”新定位，力争创造新业绩、开辟新境界、形成新经验、展示新生活，必须以“六大绿色生态”为引领，把生态文明建设贯穿于现代产业生产全过程，把绿色、低碳、生态理念融入现代产业建设各方面，改造提升传统产业，培育壮大战略性新兴产业，加快发展生产性服务产业，着力建设一批绿色生态产业聚集区；必须吹响农业向现代化转变的号角，创新经营模式、在经营组织化上实现新突破，加强硬件建设、在装备设施化上实现新突破，完善管理理念、在生产标准化上实现新突破，深化土地改革、在要素集成化上实现新突破，立足垦情特点、在特色产业化上实现新突破，着力建设一批农业现代化示范区；必须坚持规划引领、一张蓝图绘到底，突出垦区一体、统筹发展，突出以产兴城、以城促产，突出要素集合、产业融合，突出以人为本、群众受益，着力建设一批新型城镇化样板区；必须坚持和践行“创新、协调、绿色、开放、共享”的发展理念，用好用足用活“两个全覆盖”的宝贵政策，进一步保持经济持续健康发展，健全社会保障体系，健全公共服务体系，健全社区治理体系，着力建设一批全面小康先行区。

三、构建“六大绿色生态”的增长体系

生态环境保护和生态文明建设，是构筑富裕幸福美丽农垦最为重要的基础。没有绿色生态体系的保障，没有生态文明的大局观、长远观、整体观，建设富裕幸福美丽农垦就是“空中楼阁”。大力发展绿色生态农业，实现“四个确保一个提高”，即确保数量安全、质量安全、资源安全、生态安全，提高农业综合生产效益；做大做强绿色生态产业，把旅游文化、生物医药、水稻、水果、水禽等优势产业、骨干产业和主导产业培植成为绿色生态产业；积极开发绿色生态产品，立足农垦生态资源优势，大力开发“三品一标一追溯”产品；加快创建绿色生态品牌，着力在优质产品、特色产品和大宗产品上培育一批有产业影响力和市场竞争力的绿色生态品牌；全面建设绿色生态家园，加快推进以“三规合一”为先导、特色产业为支撑、垦民富裕为基础、生态友好为特色、垦区文明为根本的和谐秀美垦区建设，打造一批绿色环保、生态优良、宜居宜业的绿色生态家园；着力创新绿色生态制度，加快探索建立科学化的考核评价机制、合理化的生态补偿机制、市场化的资源交易机制、法制化的监督管理机制，打造“美丽中国·江西农垦样板”。

四、夯实“有法可依”的法治基石

加快农垦事业发展的法制化进程，已然成为推动农垦事业科学发展、保障农垦改革善作善成的客观要求。抓住贯彻落实中发〔2015〕33 号文件和赣发〔2016〕23 号文件精神的重大机遇，积极争取江西省人大常委会和江西省政府将农垦立法工作纳入年度立法计划，在深入调查研究、广泛征求意见、反复沟通协调、逐步规范完善的基础上，尽快制定出台《江西农垦工作条例》；把牢农垦立法的核心要义，坚持人大立法授权、政府依法派出、农垦区域管理、内部政企分开的原则，完善垦区社会行政管理体制，比照市、县、乡级政府将农垦各级主管

部门明确为行政执法主体，全面授予行政执法权；明晰农垦立法的重点环节，内容上要涵盖农垦经济建设、社会发展、民主制度和行政管理等全部经济社会活动，条款上要确立农垦经济和社会行政管理的指导原则和管理体制、明确国有农垦场的性质任务及经营方式、规范农垦社会建设和社区管理、完善农垦行政执法体制、确定农垦资源性资产确权方式和管理形式、申明国家和江西省支持农垦改革发展的政策措施；加大工作力度，创新工作方法，农垦各级主管部门和农垦场要率先有作为，主动做好农垦立法前期的各项准备工作，为开创江西农垦“有法可依、依法行政”的法治时代提供有力支撑。

五、开创“再度辉煌”的发展格局

发展永无止境。只有以更宽的视野、更高的境界、更大的气魄谋划发展，实干苦干、稳扎稳打，才能破解发展难题，厚植发展优势，实现发展目标，绘就发展蓝图。面对新形势、新任务，江西农垦要从“五位一体”总体布局、“四个全面”战略布局、五大发展理念来把握发展战略重点，以推进新一轮改革为契机，不断增强农垦经济活力，实现更高质量、更有效率、更加公平、更可持续的发展，进一步彰显农垦经济在以国有农业经济、农村集体经济、农户家庭经济、农民合作经济为主体的中国特色农业经济体系中的示范作用与引领地位。

第一，打造“现代农业航空母舰”。发挥农垦土地资源丰富、生产技术成熟、管理体系完善的整体优势，以保障粮食等主要农产品的有效供给为目标，以优质安全食品、大宗农产品和良种生产供应为依托，以建立健全农产品质量追溯体系为路径，建设一批现代农业大基地；推进垦区集团化、农场企业化、土地资本化、股权多元化、运作市场化进程，加大资源整合、资产重组力度，建立规范的法人治理结构，构建以资本为纽带的新型母子公司经营机制，建设一批现代农业大企业；坚持产业兴垦、产业强垦，提升农业机械化、组织化、规模化、标准化水平，推动与金融机构开展全方位战略合作，探索以农垦为核心的农业产业链“1 + N”模式，全面巩固和提升农垦纺织服装、粮棉果蔬、畜禽水产、花卉药材等产业引领发展潮流、掌控发展方向的整体实力和综合能力，建设一批现代农业大产业。

第二，打造赣江新区农垦集团。紧紧抓住国务院批复设立国家级江西赣江新区的重大机遇，打破行政区域桎梏，创新国有资产运营模式，以资本为纽带，将辖区分布的共青、桑海、云山、恒丰、恒湖、五星、永丰等十余家农垦企业予以整合，组建赣江新区农垦集团；通过显化土地价值、对接国家农垦产业发展基金、加快产业转型升级、促进城乡融合发展、扩大开放合作水平、推进绿色生态建设，努力使农垦集团成为助力提升赣江新区农业产业融资水平、打造“美丽中国·江西农垦样板”的领头羊、桥头堡。

第三，打造农垦旅游中国联盟。以江西农垦旅游产业为抓手，以全国各垦区旅游产业为主体，遵循市场化运行机制，采取自愿协商、公平合理、规范有序的原则，秉持战略管控统筹规划、对外合作整体布局、内部信息互联共享、旅游产品联通互补的理念，适时成立以资本为纽带的农垦旅游中国联盟，推动全国农垦旅游资源、资产和资本优化整合与深度融合，实现农垦旅游产业抱团经营与跨越发展；江西农垦将胸怀全局、锐意进取、大胆探索，以改革的勇气创新合作体制机制，努力把农垦旅游中国联盟建设成为所有成员之间平等互助、共同发展、合作共赢的大家庭，建设成为贯彻落实五大发展理念、助推垦区集团化和农场企业化改革的大舞台，建设成为实施旅游强垦战略、展示“美丽中国”农垦“风景这边独好”的大平台。

第四，打造乡村振兴战略高地。坚持基础设施配套与人口密度相协调、产业发展与环境承载相适宜、生活改善与生态保护相统一、历史文化与现代文明相融合的总原则，从国土空间开发、绿色产业培植、清洁能源利用、生态环境保护、生态制度建设、农垦文化传承入手，构建结构合理、层次分明、科学适用的标准体系框架，着力建设一批具有独特农垦魅力、宜居宜业宜游的绿色生态家园；坚持以现代化农业生产为基础、以先进经营理念和管理方式为支撑，依托特色自然、人文资源，拓展精深加工、农耕体验、旅游观光、休闲度假、健康养老、教育文化等多种功能，着力建设一批满足消费者多元化需求的现代农业庄园；坚持用“非镇非区”的新理念，“宽进严出”的创建制，生产、生活、生态“三生融合”和产、城、人、文“四位一体”的新模式，着力建设一批彰显农垦产业特色，凸显农垦人文底蕴，引领区域创新发展，具有明确产业定位、文化内涵、旅游特征和社区功能的特色小镇；坚持以旅游为先导、以产业为核心、以文化为灵魂、以体验为价值、以基础设施为支撑、以农业文明复兴为目标，着力建设一批以合作社为主要载体，让垦区职工充分参与和受益，集循环农业、创意农业、农事体验于一体的田园综合体。

第五，打造国资运营监管平台。明晰农垦国有资产权属关系，建立符合农垦特点、以管资本为主的监管体制；授权各级农垦管理部门行使农垦国有资产监督管理职能，依法履行农垦国有资产出资人的职责，承担保值增值责任；设立以政府性资金为引导，农垦场、金融机构和大型企业等多元化资金共同投入的农垦产业发展股权投资基金，拓展农垦国有资产的投资运作领域和产权经营范围；创新农垦国有土地管理方式，在强化农垦土地权益保护的前提下，加快完成农垦国有土地使用权确权登记发证任务，探索完善土地使用权出让、租赁、作价出资（入股）、授权经营、抵押、担保等多种农垦土地资产配置方式，加速推进农垦土地资源的资产化、资本化进程。

宏伟蓝图催人奋进，实现梦想只争朝夕。过去的六十年，江西农垦以艰苦奋斗、勇于开拓的创业精神和不怕困难、不怕牺牲的奉献精神，创造了令人敬仰的辉煌。现今的江西农垦虽然没有“风吹草低见牛羊”的内蒙古大草原，也没有一望无际的北大荒粮仓，但是在党的十九大精神的有力指引下，在党中央国务院的大力支持下，在江西省委、省政府的坚强领导下，江西农垦必将进一步继承和发扬光荣的农垦精神，不忘初心，感恩奋进，以昂扬向上的精神状态、百折不挠的拼搏意志、时不我待的紧迫劲头，沿着“快乐农业、幸福农工、美丽农场”的康庄大道，唱响兴垦富民的凯歌、吹响再度辉煌的号角，奋力建设一个更加富裕美丽的新农垦。

第二章　新时代江西农垦改革战略与实施

第一节　新时代江西农垦改革的总体要求

一、指导思想

全面贯彻落实习近平总书记系列重要讲话精神，认真贯彻落实党中央、国务院重大决策部署，围绕“创新强垦增动力、协调惠垦补短板、绿色兴垦定方向、开放助垦拓空间、共享富垦谋福祉”的发展新理念，坚持社会主义市场经济改革方向，以保障粮食等重要农产品有效供给为核心，以推进垦区集团化、农场企业化改革为主线，积极探索“资源变资产、资产变资本、资本变股本”的有效路径，推动资源资产整合、产业优化升级，建设现代农业的大基地、大园区、大企业、大产业，全面增强农垦内生动力、发展活力、整体实力，切实发挥农垦在现代农业建设中的骨干引领作用。

二、指导原则

按照“提升效率、确保公平、维护稳定、促进发展”的要求，遵循以下基本原则：

1. 坚持国有经济属性

农垦作为国有农业经济的骨干和代表，具有不可替代的战略地位。围绕江西省委、省政府战略部署，完善国有农业经济有效实现形式，构建现代农业经营体系，充分发挥资源、组织、产业优势，以农业生产经营为基础，一二三产业融合发展，推进适度规模经营，做大做强农垦经济。

2. 坚持市场经济导向

大力推进农垦市场化改革，坚持权利、义务、责任相统一，坚持激励机制和约束机制相结合，使农垦场真正成为依法自主经营、自负盈亏、自担风险、自我约束、自我发展的独立市场主体。切实保障农垦在享受国家和江西省强农惠农富农及改善民生政策上实现全覆盖，建立和完善政策支撑体系，稳步加大财政投入力度，解决农垦场遇到的实际困难和问题，提升可持续发展能力。

3. 坚持积极稳妥推进

尊重不同垦区和农垦场管理体制、资源禀赋、发展水平的差异性，坚持因地制宜、因场制宜，分类指导，采取有针对性的政策措施。不搞“一刀切”和“齐步走”，鼓励大胆探索，试点先行，稳妥有序推进。

三、主要目标

围绕江西省农垦率先基本实现农业现代化、全面建成小康社会，到2020年，实现以下目标：

其一，建立健全适应社会主义市场经济要求的管理体制和经营机制，培育壮大一批在省内、国内具有竞争力的现代农垦企业集团。

其二，建成一批稳定可靠的大型粮食、畜禽、水产、种子、茶叶、蔬菜、油料、水果等绿色生态农产品生产加工基地，形成较为完备的现代农业产业体系、生产体系和经营体系。

其三，促进垦区和谐稳定，民生显著改善，居民收入大幅提高，基础设施和公共服务健全，新型城镇化成为样板，“快乐农业、幸福农工、美丽农场”全面展现。

第二节　新时代江西农垦改革的重点与难点

一、推进垦区集团化、农场企业化改革

鼓励农垦场数量较多、经济实力较强、优势特色主导产业较为明显的市、县

（市、区），积极探索组建区域性农垦企业集团。赋予农垦企业集团行使所属农垦场的国有资产经营权、国有土地使用权和经营权，享有国有资产收益权。农垦企业集团要按照现代企业制度的要求，建立规范的法人治理结构，实行决策、执行、监管相配套的运行机制，依法独立自主开展生产经营活动，确保国有资产保值增值。力争在“十三五”规划期间推出数家上市公司。农垦企业集团所属农垦场通过整合重组，推进公司化改造，建设专业化产业公司，构建以资本为纽带的新型母子公司经营机制。其他有条件的农垦场，要积极稳妥地推进公司化改造，建立现代企业制度，明晰产权关系，健全法人治理结构，不断提高内部管理水平和市场竞争力。不具备公司化改造、组建企业集团条件的农垦场，可以实行场乡（镇、街办）合一体制或进行合并重组。要按照精简高效的原则，科学合理地设置农垦场内设机构，明确工作职能，减少管理层级，精减管理人员。农垦场现有管理人员按照《江西省人民政府办公厅关于推进全省国有农垦企业管理体制改革的指导意见》（赣府厅发〔2013〕2 号）予以妥善安置。各地可以结合实际制定出台优惠支持政策，鼓励现有管理人员留场工作。

二、剥离农垦场办社会职能

巩固上一轮农垦场办社会职能改革成果，用两年时间将农垦场承担的社会管理和公共服务职能纳入属地市、县（市、区）政府统一管理，妥善地解决机构编制和人员安置等问题，所需经费在争取中央财政补助的同时，纳入到属地政府财政预算中。远离中心城镇或地域面积较大等不具备社会职能移交条件的农垦场，由农垦场和当地政府协商，探索推进办社会职能以内部分开、管办分离、授权委托、购买服务等方式赋予相应管理权限和提供公共服务，同时加强工作指导。原则上，因社会管理属地化而出现的新岗位应用来安置农垦场现有管理人员。

三、完善农业经营管理体制

完善以“家庭农场—联合家庭农场—龙头企业—农垦场（企业集团）”为基础的经营管理体制，采用先进生产科技和手段，提高农业集约化、专业化、标准化、组织化、设施化、品牌化水平。尊重农垦场职工的主体地位和生产经营自主权，赋予其更加充分而有保障的土地承包经营权。积极培育新型农业经营主体，发展股份制、公司制等农业经营形式，大力发展家庭农场，鼓励发展适度规模经营，防止土地零散碎片化和过度集中化。在自愿的基础上，鼓励发展联合家庭农场、专业合作社和股份合作企业等新型农业生产经营组织，激发农业经营体制机制的内部活力和现代农业建设的持久动力。进一步发挥农垦场统一经营的优势，不断开拓服务领域，创新服务方式，增强服务功能，完善服务体系，通过粮食银行、农机4S店、社会化服务公司等载体，建立健全农垦场和职工间的利益联结机制，让农垦场职工分享更多增值收益，提高农垦农业生产经营的组织化程度和市场竞争能力。构建权利义务关系清晰的国有土地经营制度。加强承包租赁经营合同管理，承包租赁期不得超过农垦场职工退休年限，防止简单固化承包关系。农垦场职工退休时，其承包租赁土地可以由其在农垦场工作的子女优先承包租赁经营。租赁经营农垦场土地要严格依照合同法规范管理，严格承包和租赁收费管理，全面推进收支公开，加强审计监督。

四、构建新型劳动人事制度

落实农垦场人事自主权，建立管理人员开放交流机制，解决管理人员“进不来、出不去”的问题，不断优化管理人员队伍年龄结构、知识结构，为农垦事业实现可持续发展提供保障。巩固上一轮农垦改革成果，完善以劳动合同制度为核心的市场化用工制度。凡在农垦场从事农业生产经营的从业人员，要依法签订劳动合同。加强技能培训和就业服务，加大政策扶持力度，拓展就业渠道，鼓励和引导年轻人、大学生投身现代农业，创新创业，大力培育新型农业职业经理人，促进农垦事业可持续发展。

五、建立以管资本为主的国有资产监管体制

按照完善国有资产管理体制的总要求，明晰农垦国有资产权属关系，建立符合农垦特点、以管资本为主的监管体制。由国有资产监管机构授权各级农垦管理部门行使农垦国有资产监督管理职能，依法履行农垦国有资产出资人职责，承担保值增值责任。加强和改进对农垦场的监管，全面开展包括土地在内的国有资产清产核资工作，加大对国有资本投向的专项监督力度，确保国有资产保值增值。农垦国有资产处置要依法依规、严格程序、公开公正，切实加强监督，严格责任追究，杜绝国有资产流失。设立以政府性资金为引导，农垦场（企业集团）、金融机构和大型企业等多元化资金共同投入的农垦产业发展股权投资基金，加大对农垦主导产业发展的培育力度。

六、创新土地管理方式

切实做好农垦规划与当地土地利用总体规划的衔接，年度新增建设用地计划向农垦倾斜，积极保障农垦产业发展和城镇化建设用地的合理需求，支持按具体项目申请列入江西省重大项目调度会，并按调度会要求安排省预留新增建设用地计划，对未列入调度会的项目，江西省下达年度用地计划确实无法保障的，可通过定期调度机制提供用地计划保障。强化农垦土地权益保护，对农垦土地严格实行分类管理，依法妥善处理农垦土地历史遗留问题，严禁非法侵占农垦土地及擅自改变农垦土地用途，严禁擅自收回农垦国有土地使用权，确需收回的要经原批准用地的政府批准，并抄送省级农垦管理部门，按照有关规定予以补偿，妥善解决职工生产生活困难，依法安排社会保障费用。用两年左右的时间，基本完成农垦国有土地使用权确权登记发证任务，所需工作经费参照农村集体土地确权办法，由中央财政、地方财政和国有农垦场共同负担。合理安排农垦各类型用地规模，严格执行土地用途管制制度，切实落实耕地占补平衡制度，加快划定永久基本农田。推进农垦土地资源资产化和资本化，创新农垦土地资产配置方式。对农垦企业改革改制中涉及的国有划拨建设用地和农用地，可按需要采取国有土地使用权出让、租赁、作价出资（入股）和保留划拨用地等方式处置。农垦现有国有划拨建设用地，经批准办理有偿使用手续后，可以转让、出租、抵押或改变用途，需办理出让手续的，可以采取协议方式。农垦国有划拨农用地确需转为建设用地的，应当依法办理农用地转用审批手续。有序开展农垦国有农用地使用权抵押、担保试点。支持农垦场盘活农垦土地资产，县级以上政府批准实行国有资产授权经营的国有独资企业、国有独资公司等农垦企业，其使用的原生产经营性国有划拨建设用地和农用地，经批准可采取作价出资（入股）、授权经营方式处置。保障农垦土地收益，对农垦国有划拨建设用地使用权转让、租赁、抵押及改变土地用途，依法补缴的土地出让金和租金收入的全额，以及农垦土地被县（市、区）政府依法收回再出让的，其出让净收益（剔除应提取的教育和水利等六项基金）纳入地方政府本级财政预算管理，优先安排用于农垦基础设施建设、产业发展、职工安置和补充社会保障缴费。鼓励农垦场实施城乡建设用地增减挂钩、农村土地整治等项目。

第三节　新时代江西农垦改革的路径

一、提升农业现代化水平

将有条件的农垦场纳入所在县（市、区）现代农业示范园区核心区建设规划范围，切实发挥农垦在江西省现代农业建设中“国家队”的作用。进一步加快农产品质量追溯体系建设和智慧农业建设，继续保持江西省农产品质量追溯体系建设的全国领先位置。抓住国家实施新的粮食安全战略、加强粮食安全保障能力建设的有利时机，加快推进实施高标准绿色生态农田改造工程，将农垦高标准绿色生态农田建设计划单列。江西省农垦高标准绿色生态农田比重达到80%。推进现代农业与装备物联网技术的研究和应用，以信息化提升农机化水平，提高配套比和利用率；到2020年，江西省农垦主要农作物耕种收综合机械化率达到73%以上，水稻耕种收综合机械化率达到80%以上。

二、推进六大绿色生态体系建设

大力发展绿色生态农业，确保数量安全、质量安全、生态安全，提高农业综合生产效益。做大做强绿色生态产业，把旅游文化、健康养老、纺织服装、生物制药、食品饮料、水稻、生猪、蔬菜、水产、水禽、水果等优势产业、骨干产业和主导产业培育成为绿色生态产业。积极开发绿色生态产品，从根本上改变低级原料和初级产品出售的现状，提升产品品质档次。加快创建绿色生态品牌，着力在优质产品、特色产品和大宗农产品上培育一批有市场影响力和市场竞争力的绿色生态品牌。全面建设绿色生态家园，加快推进以农垦场“三规合一”为先导、特色产业为支撑、居民富裕为基础、生态友好为特点、场风文明为根本的和谐秀美垦区建设，打造一批绿色环保、生态优良、宜居宜业的绿色生态家园。着力创建绿色生态制度，加快探索建立科学化的考核评价机制、合理化的生态补偿机制、市场化的资源交易机制和法制化的监督管理机制。

三、建设一批农产品生产基地

发挥农垦企业集团优势，建设大型优质安全食品生产供应基地，推进农业生产全程标准化，严格农业投入品准入，强化水土治理和环境监测，建立从“田头到心头”的农产品质量安全追溯体系。加快建设一批主导产业突出、生产水平先进、商品率高的大宗农产品生产基地。以环鄱阳湖地区的农垦场为重点，建设50万亩优质稻米生产示范基地；以城郊型和山区农垦场为重点，建设15万亩商品蔬菜示范基地；以山区、丘陵地带农垦场为重点，建设25万亩优质茶果生产示范基地，5万亩高档花卉苗木和药材生产示范基地，30万亩高产油茶示范基地；以现有畜牧养殖农垦场为重点，建设120万头生猪和2000万羽家禽及特色养殖生产示范基地；以现有水产养殖农垦场为重点，建设30万亩水产品和特色水产品生产示范基地。积极支持农垦发展种子产业，使农垦成为粮食、蔬菜、生猪、水果等良种生产基地。

四、推动一二三产业融合发展

继续发挥农垦农工商综合经营、贸工农一体化的优势，建设一批优质、安全的农产品精深加工产品供应基地，打造农业全产业链，率先推动一二三产业融合发展，实现农业持续增值增效。鼓励农垦企业加快粮食烘干、仓储设施和现代物流中心建设，大力发展大宗农产品产地初加工和精深加工，建设食品、饲料、中药、纺织服装、电子信息、建材化工、木竹加工等专用原料基地和加工产业园区，辐射带动周边农民增收致富。推进农垦农产品流通网络优化布局，促进与全国流通体系对接融合，加快发展冷链物流、电子商务、连锁经营等新兴流通业态。推进农垦企业品牌建设。支持农垦企业按照有关规定参与国家大宗农产品政策性收储。

五、走出旅游强垦新路

农垦企业分布于江西省各地，生态环境一流，自然风貌、田园风光优美，对开发江西省旅游资源、发展旅游产业具有得天独厚的优势。要把农垦旅游规划纳入全省旅游规划和城乡建设规划、经济社会发展规划，一并实施、整体推进。不断加大农垦特色旅游产品、品牌的重点培育，在“新、奇、特”上下功夫、做文章，协调推出富有农垦特色的文化旅游、景观旅游、休闲旅游、设施旅游等综合旅游产品。各级地方政府要制定和落实支持农垦旅游发展的优惠政策，鼓励社会资本、广大农垦场职工及专业合作组织积极参与农垦旅游业发展。加快推动旅游要素配套建设管理与服务平台建设，加大政府支持力度，扶持组建地方农垦旅游股份公司，积极引进战略合作伙伴，整合农垦旅游业发展资源，加快农垦旅游业的市场化进程。

六、开展对外交流合作

积极推进农垦企业对外交流合作，充分利用国内国际两个市场、两种资源，继续鼓励农垦企业扩大出口创汇，引进新技术、新工艺、新设备，在加快用高新技术和先进适用技术改造产业步伐的同时，支持农垦企业“走出去”。农业对外合作支持政策优先向符合条件的农垦企业倾斜，积极支持农垦承担国家农业援外项目。鼓励农垦企业创建大宗农产品境外生产基地、加工企业和产品营销中心，实现经济效益、社会效益双丰收。

七、推进新型城镇化建设

以深化改革为动力、以改善民生为宗旨、以垦区危房改造为抓手、以土地开发为载体，进一步提升人口要素城镇化、空间布局城镇化、经济结构城镇化、公共服务城镇化、生活质量城镇化，在更高的起点上推进垦区新型城镇化建设，增强对周边区域的辐射带动能力。毗邻城镇的农垦场，要加大区域资源共享共建力度，与地方政府合作开展城镇开发建设，防止互相隔离和重复建设，推动垦地城镇融合发展。远离中心城镇的农垦场要逐步发展成为功能设施齐全、公共服务配套的新型小城镇，并与工业、农业园区建设相结合，积极引导农垦场职工实现就地就业，有效化解园区招工难、用工荒问题，妥善解决实现空间转移后的就业问题。到2020年，江西省农垦城镇化率达到73%。

第四节　新时代江西农垦发展保障措施

一、促进农垦发展的党组织建设

充分发挥农垦党组织的政治核心作用，切实加强基层党组织建设，坚持农垦改革发展方向，保证和监督各项政策的贯彻实施。农垦各级党组织要强化“党建+”理念，严格落实党建工作责任制，深入推进“连心、强基、模范”三大工程，切实提高基层党组织工作水平。把农垦改革与党的建设紧密结合起来，保证党组织机构健全、党务工作者队伍稳定、党组织和党员作用得到有效发挥。把加强党的领导和完善农垦企业公司治理统一起来，创新党组织发挥政治核心作用的途径和形式。加强农垦各级领导班子思想作风和反腐倡廉建设，强化对农垦企业领导人员履职行权的监督。深入细致地开展职工思想政治工作，及时研究解决农垦改革发展的新情况和新问题，保障农垦场职工的合法权益，确保农垦改革稳步有序推进。

二、促进农垦发展的领导小组建设

在江西省委全面深化改革领导小组统一领导下，成立由分管省领导为组长，江西省委农村工作部（以下简称省农工部）、省发展和改革委员会（以下简称省发改委）、省财政厅、省国有资产监督管理委员会（以下简称省国资委）、省人力资源和社会保障厅（以下简称省人社厅）、省农业厅、省国土资源厅负责同志为成员的全省农垦改革专项领导小组，负责农垦改革发展的总体协调、工作部署，研究重大改革事宜。专项领导小组办公室设在省农业厅，具体负责改革日常事务，督促推进各项改革工作。各级党委和政府要充分认识新时期农垦的特殊地位和重要作用，按照省委常委会工作要点、省政府重点工作责任分工安排，把推进农垦改革发展工作放在重要位置，结合本地农垦实际，加紧制定具体实施方案，细化责任分工，明确时间进度，不折不扣地组织、落实好各项改革发展任务。《江西关于进一步推进农垦改革发展的实施意见》明确的各项农垦改革发展任务，列入江西省年度政府绩效管理工作方案予以考评。各有关部门要按照《江西关于进一步推进农垦改革发展的实施意见》精神，抓紧研究制定推进农垦改革发展支持政策的配套文件。各部门要增强全局观念、大局意识，主动关心支持农垦改革发展，及时研究解决农垦改革发展中的新情况、新问题，积极支持在若干垦区先行试点，总结经验，加快推进。

三、促进农垦发展的管理体系建设

进一步推进江西省农垦管理体制改革，加快农垦事业发展规范化、法制化进程，切实做好地方性立法前期准备工作，为江西省出台农垦管理地方性法规奠定基础。重新定位农垦管理部门职能，健全省、市、县（市、区）农垦管理体系，合理确定机构设置、行政级别和人员编制，切实履行行业指导、协调、服务、国有资产监督管理等职责，切实加强农垦管理机构和能力建设。不得擅自解散、下放农垦场和撤销农垦管理机构，农垦场的合并、分设、撤销等体制变动，须经省政府同意。各级农垦管理部门要主动作为，敢于担当，加强与有关部门的沟通和协调，及时掌握工作动态，做好督导、跟进和落实。

四、促进农垦发展的优先政策支持

将农垦全面纳入到国家和江西省强农惠农富农、改善民生政策的覆盖范围中。组织人事部门要利用大学生村官、“三支一扶”、村级组织建设等平台，选拔优秀、专业人才，充实配强农垦管理部门和基层农垦场领导班子。发展改革部门要将农垦改革发展统筹纳入国民经济和社会发展规划及有关专项建设规划，并会同有关部门在产业发展、基础设施建设、资金投入等方面加大对农垦的支持。财政部门要加大对农垦税费改革转移支付力度，加大对发展农垦企业化集团化和产业化、农业基础建设、贫困和薄弱农场脱贫、土地确权、社会保障等扶持力度。对农垦场办社会职能和公益性基础设施建设形成的债务进行甄别，凡属于政府应当承担的债务纳入政府债务统一管理，符合呆坏账核销条件的予以核销。人力资源和社会保障部门要加大社会保障力度，进一步完善农垦企业社会保障政策机制，按照属地管理原则，将农垦从业人员与垦区居民纳入相应的社会保险、社会救助等社会保障体系。其他部门要按照职能分工，在社会救助、敬老院建设、新农村建设、美丽乡村建设、农业技术推广站建设、农产品质量追溯体系建设、精准扶贫、新型城镇化建设、安全饮水工程、电网改造、公路改造工程、新造林工程、税费减免奖励政策、燃油补贴、植保、公益林补贴、防灾减灾、森林植被恢复费、森林抚育补贴等方面将农垦场纳入到覆盖范围内，进一步加大支持力度。

五、促进农垦发展的金融扶持

鼓励农垦企业与金融机构开展全方位战略合作，深化银企对接，探索以农垦企业为核心的农业产业链“1 + N”模式，以农垦企业为中心，将上下游利益相关者联系起来。支持符合条件的农垦企业综合运用公司债权、企业债券、短期融资券、中期票据等融资工具，加大对农垦企业信贷扶持力度，支持符合条件的农垦企业上市融资，助推农垦企业做大做强。

第三章　江西农垦发展“稻田＋”模式

江西是全国13个粮食主产区之一，约占全国2.3%的耕地，生产了约占全国3.5%的粮食和9.8%的稻谷，近年来，每年稻谷外调量达125亿斤左右，为保障国家粮食安全，特别是口粮安全，提供了有力支持。2018年，江西省被农业农村部列为首批粮食生产功能区，每年400多亿斤的粮食供给是江西省义不容辞的责任和义务。然而，我国水稻种植效益普遍偏低。据统计，江西省一亩双季水稻总产量约2000斤，粮食收购价每斤1.2～1.3元，每亩水稻总产值约2500元，扣去各项成本，净利润不足1000元。2018年粮食保护价每斤下降0.1～0.3元，种植水稻的经济效益进一步下降。相比较而言，柑橘、药材、花卉等特色农业（这些特色种植每亩产值万元以上，每亩净利润3000元以上）的经济效益比水稻要高很多，如何处理粮食供给和经济效益不足之间的矛盾，是我们必须面对的难题。江西农垦积极探索“稻田＋”模式，为解决这一难题提供参考。

第一节　“稻田＋”模式的基本情况

一、“稻田＋”种类

江西农垦围绕着“稻田”，依据各地实际情况，探索两种“稻田＋”综合发展模式，即“稻渔共生”型和“稻田冬闲菇”型，以“稻渔共生”型为主。

1. “稻渔共生”型模式

近年来，江西农垦稻渔综合种养迅速发展，种养面积以年均30%的速度增长，一批发展规模大、带动能力强、经济生态效益明显的稻渔综合种养实体迅速壮大，显示出其强大的生命力。2016 年，江西农垦稻渔综合种养面积达 10 万亩，水产品产量近 1 万吨，亩均增效 1500 元以上，带动近 5000 名农场职工增收，净增收入 1 亿元以上，成效显著。2017 年稻渔综合种养面积将达 12 万亩以上。江西省“稻田共生”模式众多，仅鄱阳湖区就有宜渔稻田 200 余万亩，山区、库区也有近 100 万亩的稻田适宜开展稻渔综合养殖。“稻渔共生”模式具体有如下三种情况：

（1）滨湖地区：低洼田、单季稻田、莲田众多，适合集中连片的规模化稻渔综合种养技术模式的推广和应用。要求各地在规划布局时，充分依据湖区鱼类资源、水资源、田块平整等优势，开展规模化区域布局，重点发展“稻虾连（共）作”“稻蟹共作”“稻鳅（鳝）共作”“稻鳖共作”、莲田综合养殖、芡实田综合种养等技术模式。

（2）丘陵山区：要求各地充分利用冷浸田、单季稻田较多的特点，因地制宜发展冷水性的鱼类、蛙类、龟鳖类稻田综合种养技术模式。

（3）库区盆地：要求各地可利用稻田相对集中连片的优势，重点发展“稻鳅（鳝）共作”“稻鳖共作”莲田综合种养等技术模式。

2. “稻田冬闲菇”型模式

该模式是在正常水稻种植之后，利用冬闲田发展草菇种植。江西省每年的水稻种植时间 4～7 月是早稻，7～11 月为晚稻，5 月中旬至 10 月是种植一季晚稻，大球盖菇的种植正是利用稻田的空档期，为了不使田地闲置，每年 11 月至次年 4 月种植大球盖菇，既增加农田利用率，又提升了地力。江西农垦在恒湖农场大力推广“稻田冬闲菇”型农业，取得很好的经济效益和生态效益。

二、“稻田＋”模式的优点

实践证明，“稻田＋”模式不仅没有减少“米袋子”的数量，而且还提高了米的质量。“稻渔共生”和“稻田冬闲菇”模式实现了“一水两用、一田双收”的效果，既保障了生态安全，又保障了舌尖上的安全，有效地破解了稳粮与增收、农业生产与环境保护的矛盾，是一条“不牺牲农业和粮食、不牺牲环境与生态”的现代农业发展好途径。

1. 稳定粮食产量，优化米质

通过实施稻渔综合种养，减少农药、化肥的施放量，稻谷的品质得到了有效的提升，稻谷的单价大幅提高，加上养殖收益，农民的收入大幅增加，种粮的积极性空前高涨，湖区的低洼田、单季稻田，山区的冷浸田，莲田、藕田以及抛荒田已成为养殖户、养殖企业的抢手货。冬闲田种植草菇，充分利用秸秆，增加土壤有机质，稻田综合种养的实施是以稳粮为主，稻田四周的开沟面积不超稻田整体面积的10%，通过选择优质高产水稻良种和沟渠的边际效应，稻谷产量不会减少且米质大幅提升。

2. 增加农民收入，促进农民脱贫

经专家实地测产验收表明：稻渔综合种养平均亩产稻谷400公斤以上、渔产品100公斤以上，是单一种植水稻收益的3~6倍。其中，“稻虾连（共）作”模式亩均产值5640元，亩均纯收益2900元；“稻蟹共作”模式亩均产值12400元，亩均纯收益6600元；“稻鳅共作”模式亩均产值5200元，亩均纯收益2700元。由于效益比较突出，稻渔综合种养和冬闲田草菇种养已成为湖区、山区、库区和平原地区产业扶贫、农民增收的重要方式。

3. 改善生态环境，提供安全农产品

稻渔综合种养是一个以渔促稻，以稻养渔的稻渔共生的生态循环系统，实现了水稻与渔优势互补的有机结合。在稻渔生态系统中，水稻为渔产品提供了良好的栖息环境，水草、有机质、水生昆虫、底栖生物又可作为鱼、虾、蟹类水生动物的天然饵料；渔产品可以疏松水稻根系土壤，其排泄物又为水稻提供了有机肥料，可以有效地改良土壤结构，提高水稻产品产量、改善大米品种。同时，水稻采用生物、物理等生态防治方法防治病虫害，可大量减少化肥、农药的使用，有效地减少了农业面源污染。经测算与评估，江西省稻渔综合种养水稻种植，化肥的使用量可减少20%以上，农药可减少40%以上。稻渔综合种养实现了物质循环利用，两者互利共生，形成了良好的生态有机体，确保了稻渔产品的质量安全。冬闲田种植草菇，可以充分利用秸秆，而草菇辅料有利于改善土壤肥力，从而实现生态种植。

4. 促进三产融合，延伸产业链

稻渔综合种养技术模式产业链长，价值链高，具有带动一二三产业融合发展的巨大潜能。稻渔综合种养带动了稻米、水产品加工和品牌建设，江西省多个示范点共创建稻米品牌20余个，建设公共区域水产品牌3个、企业品牌15个，极大地提高了产品附加值，带动了农产品加工业发展和农民就业。稻田养鱼与有机稻种植相结合产出的稻米更安全，水产品更优质。有的稻田综合种养示范点已成乡村旅游的热点和乡村田园综合体。江西省农垦山区县，如奉新县、靖安县通过开展稻渔旅游、农家乐休闲游，提高稻渔综合种养的附加值。

第二节　江西农垦“稻渔共生”模式

近年来，江西农垦积极推广稻渔综合种养模式，已经取得了较好成绩，“稻渔共生”模式是一种先进的农业生产模式，既提高了经济效益，又确保了粮食种植面积的稳定，起到了稳粮增收的作用，有效地促进了社会稳定与安全，具体生产模式如下：

一、“稻鳖共生”模式

该模式是在稻田种植期间养鳖，实现立体种养目的。永修县云山垦殖场“稻鳖共生”综合种养试验示范面积达400亩，每10亩左右为一个隔离单元，每单元在两对角处各挖一个养鳖塘，平均占稻田面积的7.55%，合计养鳖面积达40亩，水稻种植面积达360亩。机插种植水稻品种为赣晚籼38号（外引七号），田间生长整齐一致，无病虫危害，后期转色好。

1. 技术要点

（1）稻田改造：稻田水源条件好，排灌方便、环境安静，一般5～10亩为宜。沿稻田一角挖一个深0.6～1米的田中鳖池，池面积占稻田总面积的8%～10%，并加高加固田埂，建有防逃设施。

（2）苗种投放：选择健壮厚实、无病无伤、体色正常、皮肤光亮的中华鳖绿卡品系苗种，规格达到150克以上的苗种6月底至7月初投放，每亩放养900～1000只。

（3）饵料投喂：主要以投喂小杂鱼等活鲜动物性饲料为主，辅以泥鳅、田螺碎成酱后，加入少许蔬菜汁和玉米粉搅拌均匀后投喂，一日投喂两次，投喂量为鳖总体重的1%左右，并根据天气、水温、活饵等情况适时进行调整，以1小时左右吃完为宜。

（4）日常管理：每天早晚及投喂前进行巡查，观察稻田水质、水温、水的透明度变化，鳖的吃食情况，随机捞鳖检查其体色光泽性，有无病症。

（5）水稻种植：选择抗病害、抗倒伏、耐肥性强的粳稻良种，采取一年种一季的模式，每年6月中下旬插秧，插秧间距为0.30×0.23米，每年10月中下旬收割水稻。

（6）病虫害防治：稻鳖综合种养，全程不施肥、不打药。适度使用中草药饵投喂鳖以防病，如黄芪、败酱草、双花、甘草、半枝莲等中草药。

2. 效益分析

对永修县云山垦殖场实施的“稻鳖共生”综合种养试验示范进行现场测产的结果表明：亩产湿谷567.7千克，用PM8188A谷物水分测量仪测定含水量，扣除水分和杂质，折合干谷亩产513.8千克，按总面积计算折合亩产492.3千克。按照单价2.6元/公斤计算，产值约为1280元，扣除每亩稻谷生产成本700元（包括租金、种子、机械费、人工费等），每亩稻谷纯收入约为528元。所养殖的甲鱼品种为鄱阳湖水系的中华鳖，生长健壮。根据日常记录及现场抽测，成活率达92%，平均重量为748克/只，亩产甲鱼68.8千克，增重18.8千克。稻鳖综合种养，中华鳖每亩产量达207公斤，单价按照200元/公斤计算，每亩收入达41400元，减去养殖成本19650元（包括苗种、饲料、调水等费用），净利润21750元。稻鳖综合种养每亩纯收入可达22278元。

二、“稻蛙共生”模式

贵溪绿野生态综合养殖专业合作社位于贵溪市皇桥村，现占地面积45亩，基地环境清幽，水源充足、水质清新无污染、基础设施齐全且运行良好，主要从事黑斑蛙的生态养殖。

1. 技术要点

（1）稻田改造：把稻田统一规划，分割成统一大小的田块，每个田块面积为180平方米，开挖一条宽1米、深0.5～0.6米的一字形沟，占稻田面积的10%左右，并设有独立的进排水设施，做好防逃设施。

（2）投苗：每年3月中下旬开始投苗，每个小养殖区投同一批次的蛙卵块，投放量约5万个。

（3）投饵：在蝌蚪孵化出8天后，开始投喂蛋黄或者豆浆，7天后，开始使用蝌蚪专用粉料对蝌蚪进行驯化，驯化期间要做“四定”（定时、定位、定质、定量）及看天投喂，一般每天早上和傍晚各投喂1次，投喂量约为其体重的3%。

（4）管理：黑斑蛙喜栖息于安静的环境，平时在投喂或其他作业时要做到尽量轻柔，养殖场区要避免大声喧哗，养殖小区要保证有充足的遮阴场所供黑斑蛙躲藏。放苗前要做好杀虫、消毒、培水等前期工作，每半个月用聚维酮碘对环沟水体消毒，消毒后第二天用微生物制剂进行调水，营造良好的生活环境，在高温季节可拌料内服免于多糖、多维等，提高蛙自身免疫抵抗力。

（5）水稻种植：选择抗病害、抗倒伏、耐肥性强的粳稻良种，采取一年种一季的模式，每年5月下旬到6月中旬采用人工插秧的方式栽种，插秧间距为0.30×0.23米，每年9月中下旬人工收割水稻，因为机器收割容易造成蛙受伤。

2. 效益分析

稻蛙综合种养，每亩可产商品蛙1000公斤，按照单价40元/公斤计算，每亩收入达40000元，减去养殖成本20000元（包括人工费、田租费、设施折旧费、苗种、饲料、调水等费用），净利润达20000元。稻谷亩产量为200公斤，按照单价10元/公斤计算，产值达2000元，扣除每亩田稻谷生产成本1000元（包括种子、人工费等），稻谷纯收入可达1000元，稻蛙综合种养每亩纯收入可达21000元。

三、“稻虾共生”模式

江西恒湖垦殖场属农、林、牧、副、渔、工、商、运、建、服全面发展的综合性农垦企业。2016年，在该场党委的支持下，以自愿为原则，职工自发发展稻虾综合种养面积3000余亩，种养殖户为46户，实现了当年开挖、当年投产、当年收益的目标；2017年，该场继续大力发展稻虾综合种养，面积达8000余亩，综合种养户达140户，其中核心示范区面积为2000余亩，初步形成了稻虾综合种养技术模式（见图3－1），实现了“一水两用，一田双收，稻虾共赢，稳粮增收”的目标。

1. 技术要点

（1）稻田改造：稻田水质良好，底质为黏土，面积一般为30～50亩，开挖环形沟，沟宽3～4米，深0.8～1米，坡比1∶(1.3～1.5)，沟的面积占稻田面积不超过10%，并加高加固田埂，设有独立的进排水设施和防逃设施。

（2）水草种植：沟内需种植水草，如伊乐藻、轮叶黑藻、苦草等，每年1～4月种植，移植水草的数量以覆盖沟面积的1/3为宜，长成后覆盖率达60%以上。

图 3-1 恒湖农场稻田养小龙虾模式

(3) 投苗：每年 3 月中下旬投放虾苗，一般每亩放养规格为 200～500 尾/千克的克氏原螯虾苗 10～20 千克或规格为 80～200 尾/千克的克氏原螯虾苗 20 千克。每年 8～9 月投放种虾，一般每亩放养规格为 20～40 尾/千克的种虾10～15 千克，雌雄比例为 3∶1。

(4) 投饵：每年 4 月中旬后，按照“四定”的原则，每日应适当投喂人工饲料，投喂量为稻田存虾重量的 2%～3%，投喂时间为早晚各一次，以傍晚投喂为好。

(5) 水稻种植：选择抗病害、抗倒伏、耐肥性强的粳稻良种，采取一年种一季的模式，于每年 6 月中下旬插秧，插秧间距为 0.30×0.23 米，每年 10 月中下旬收割水稻。

(6) 病害防治：稻虾综合种养，全程不施肥、不打药。虾疾病以预防为主，养殖期间每隔 10～15 天每亩用 5～10 千克生石灰全池泼撒虾沟一次，用以预防肠炎、黑鳃、水肿等细菌性虾病。

2. 效益分析

稻虾综合种养，小龙虾每亩产量达 80 公斤，按照单价 40 元/公斤计算，每亩收入达 3200 元，减去养殖成本 1800 元（包括苗种、饲料、调水等费用），净利润达1400元；稻谷亩产量为436公斤，按照单价4元/公斤计算，产值达1744元，扣除每亩稻谷生产成本1150元（包括租金、种子、机械费、人工费等），稻谷纯收入可达594元；则稻虾综合种养每亩纯收入可达1994元。

四、“稻蟹共生”模式

九江凯瑞生态农业发展有限公司是一家集“鄱阳湖”品牌系列的稻虾（蟹）养殖、技术开发、产品加工、物流配送于一体的新型农业产业化省级龙头企业，在彭泽县开发建设了万亩稻渔综合种养基地，致力于发展稻虾、稻蟹综合种养，现有稻虾综合种养面积1.2万亩，稻蟹综合种养面积2000余亩。

1. 技术要点

（1）稻田改造：稻田水质良好，底质为黏土，面积一般为30~50亩，开挖环形沟，沟宽3~4米，深0.8~1米，坡比1∶(1.3~1.5)，沟的面积占稻田面积不超过10%，并加高加固田埂，设有独立的进排水设施和防逃设施。

（2）投苗：选择个体均匀、色泽一致、肢体完整、健壮无病的优质蟹种投苗，投苗时间为头年的12月至次年的2月，每亩养殖密度为1000~1200只，规格为80~100只/斤。

（3）水草种植：沟内需种植水草，如伊乐藻、轮叶黑藻、苦草等，每年1~4月种植，移植水草的数量以覆盖沟面积的1/3为宜，长成后覆盖率达60%以上。

（4）投饵：每年4月中旬后，按照“四定”的原则，每日应适当投喂人工饲料，投喂量为稻田存蟹重量的2%~3%，投喂时间为早晚各一次，以傍晚投喂为好。

（5）水稻种植：选择抗病害、抗倒伏、耐肥性强的粳稻良种，采取一年种一季的模式，每年6月中下旬插秧，插秧间距为0.30×0.23米，每年10月中下旬收割水稻。

（6）病害防治：稻蟹综合种养，全程不施肥、不打药。蟹疾病以预防为主，养殖期间每隔10~15天每亩用5~10千克生石灰全池泼撒蟹沟一次，用以预防肠炎、黑鳃、水肿等细菌性蟹病。

2. 效益分析

稻蟹综合种养，亩产河蟹100公斤，按照单价100元/公斤计算，每亩收入达10000元，减去养殖成本4500元（包括苗种、饵料、人工、防逃设施和防鸟设施、水草），净利润5500元。稻谷亩产量为300公斤，按照单价6元/公斤计算（因稻田不打药，稻谷价格提高），产值达1800元，扣除每亩田稻谷生产成本700元（包括租金、种子、机械费、人工费等），稻谷纯收入可达1100元，稻蟹综合种养每亩纯收入可达6600元。

五、“稻鳅共生”模式

抚州市东乡区江西省鑫萱农业开发有限公司位于东乡区占圩镇铁山村，现有面积150亩，基地环境清幽，水源充足，水质清新无污染，基础设施齐全，主要从事稻鳅综合种养。

1. 技术要点

（1）稻田改造：稻田水源充足、水质良好、土质肥沃、黏土性，面积一般为3～5亩为宜，沿稻田四周开挖宽2米、深约50～80厘米的回字形沟，占稻田面积不超过10%，并加高加固田埂，建有80厘米高的防护网、进排水设施。

（2）投苗：每亩稻田投放泥鳅“寸苗”苗种3万～4万尾。

（3）投饵：泥鳅以稻田中昆虫幼虫、水蚯蚓、底栖生物、有机物质等为食，适当投喂配合饲料。

（4）管理：“稻鳅共生”栽培，一般可减少用药次数。当水稻确实需要用药防治病虫害时，应选择高效低毒、残留期短的农药，忌用鱼类敏感的农药。同时，在用药前应适当加深水层。喷药时，药物尽量洒在稻叶上，以提高防效，减轻对鱼的药害。

（5）水稻种植：选择抗病害、抗倒伏、耐肥性强的粳稻良种，采取一年种一季的模式，每年5月中下旬插秧，插秧间距为0.30×0.23米，每年9月中下旬收割水稻。

（6）病害防治：稻鳅综合种养，全程不施肥、不打药，泥鳅粪便为水稻提供肥料。

2. 效益分析

稻鳅综合种养，亩产泥鳅150公斤，单价按34元/公斤计算，每亩收入达5100元，减去养殖成本2300元（包括苗种、饵料、人工和防鸟设施等），净利润2800元。稻谷亩产量为350公斤，剔除水分和脱谷，稻米计重为175公斤（350×50%），按有机大米价30元/公斤计算，则水稻亩产值达5250元，扣除每亩田稻谷生产成本700元（包括租金、种子、机械费、人工费等），稻谷纯收入可达4550元，稻鳅综合种养每亩纯收入可达7350元。

第三节　江西农垦发展“稻田+草菇”模式

一、“稻田+草菇”模式的发展概况

“稻田+草菇”模式是指，在传统水稻种植的前提下，充分利用冬闲农田，采用秸秆作为辅料技术，种植草菇。这种菌菇不与人争粮、不与粮争地、不与地争肥、不与农争时，最主要是使冬闲田变成生钱田。大球盖菇菇体色泽艳丽，腿粗盖肥，食味清香，富含对人体有益的多种矿物质元素及维生素。大球盖菇种植时正是稻田的空档期，菌菇收获后，基料可就地还田，促进水稻生长，实现循环利用。使用农作物秸秆在稻田里种植大球盖菇，既不耽误水稻生产，又能增加农户收入。

江西省农垦在恒湖垦殖场进行“稻田+草菇”探索，取得了很好的效果。恒湖农场围垦面积达9万亩，耕地面积有54000多亩，每年4~7月种植早稻，7~11月种植晚稻，5月中旬至10月种植一季晚稻，每年11月至次年4月种植大球盖菇，既增加了农田利用率，又提升了地力。

罗铺垦殖场（见图3-2）结合当地实际，谋定而动，顺势而为，引入专业户带领广大群众利用冬闲田栽培大球盖菇。2016年，一个栽培大球盖菇的专业组织——永丰县惠田家庭农庄在罗铺垦殖场成立。该场将160亩土地流转给惠田家庭农庄用于示范推广大球盖菇，实施“菌菇+白莲（水稻、蔬菜）”的模式。以稻草、谷壳、木屑等农业废弃物为原料，生产“大球盖菇+白莲（水稻、蔬菜）”，既改良了土壤，又充分利用了冬闲田，增加了收入。

二、“稻田+草菇”模式效益

1. 经济效益良好

大球盖菇（见图3-3）的别称有皱环球盖菇、皱球盖菇、酒红球盖菇等，为球盖菇科球盖菇属菌类，既是国际菇类交易市场上的十大菇类之一，也是联合国粮食及农业组织向发展中国家推荐栽培的蕈菌之一，具有非常广阔的发展前景。大球盖菇菇体色泽艳丽，腿粗盖肥，菇肉很厚实。

图3-2　罗铺垦殖场“稻田+草菇”种植基地

图3-3　刚采摘的大球盖菇

据了解，大球盖菇是食用菌中的后起之秀，是集香菇、蘑菇、草菇三者营养于一身的美味食品，富含对人体有益的多种矿物质元素及维生素；大球盖菇也是国际粮农组织向发展中国家推荐栽培的特色品种之一，其干菇蛋白质含量高达29.1%，氨基酸含量达8.5%，优于香菇等食用菌，有治疗人体多种疾病的功效，是有“素中之荤”称号的营养保健食品。

一般每亩菌菇有3000～5000元的纯利润，是种植水稻6～10倍的效益。上年11月种10多亩大球盖菇，下年每亩产量可达4000斤以上，每次播种后，视温度而定，一般在60天后进入收获期。利用闲置的农田种植200亩大球盖菇，就收益颇丰。由于大球盖菇种植季节长，可以在其他蕈菌或蔬菜的淡季时上市。大球盖菇产量高，生产成本低，营养又丰富，很容易被广大消费者所接受。恒湖从2014年开始试种，种一季稻有300～500元的利润，如果采用稻菇模式，每个家庭种植3～5亩大球盖菇就可增1万～2万元的收入。

2. 草菇生态安全

大球盖菇栽培技术简便粗放，可直接采用生料栽培，具有很强的抗杂能力，容易获得成功。大球盖菇栽培原料来源丰富，可生长在各种秸秆培养料上（如稻草、麦秸等），栽培后的废料可以直接还田，改良土壤，增加肥力。

大球盖菇抗逆性强，适应温度范围广，可在4～30℃的范围内出菇，可以自然越冬。种了大球盖菇再种水稻，水稻基本上不需要施化肥和打农药。随着气温的变化，两次收获期相距10天，一直到4月底，可以收获3～4茬的大球盖菇，由于基质环保，加上种植时不需要施化肥，靠自然生长，所以此菇类无化学污染。

3. 农田肥力改善

采用稻菇模式，每亩产4000～6000斤，基质以稻谷壳、木屑、石灰等作为肥料。“大球盖菇—水稻轮作”模式（见图3-4）符合当前“稳粮增收调结构，

图3-4　冬休田的“稻草+菌菇”模式

提质增效转方式”的新型农业发展趋势，按新的发展理念，搞好产业结构调整，转变生产方式，变种植水稻为“稻菇轮作”。大球盖菇种植过程中不施化肥，不打农药，水稻的种植过程中也不施化肥，或少施化肥，利用种大球盖菇未用完的稻基质，为水稻提供肥源，有利于改善土壤环境，生产出来的稻米口感好且更加安全。

第四节 促进“稻田+”模式发展的对策

“稻田+”模式是绿色生态农业发展模式，是深入推进农业产业结构调整，实现稳粮、优供、增效、扶贫目标的重要抓手。近年来，江西省农垦推广的稻渔和稻菇种养迅速发展，成为带动农民增收的重要路径之一。但不可否认的是，全面推行这些高质量农业发展模式，还需要政府的统筹谋划，具体对策如下：

一、政府重视、高位推动

为推动农业供给侧改革，实现农业绿色发展。近年来，江西省委、省政府高度重视稻渔综合种养发展，分管农业部门的吴晓军同志就发展稻渔综合种养进行了专门的批示，各市县区政府也将稻渔综合种养写入了政府工作报告中，并制定了相关的扶持措施。九江市人民政府出台了《九江市做大做强鄱阳湖水产产业的实施意见》，明确了重点推行稻虾综合种养技术模式。随后，九江市都昌县政府出台了《都昌县小龙虾产业发展规划》和《关于发展小龙虾产业的实施意见》，鼓励发展小龙虾产业，并结合精准扶贫，对稻虾综合种养每亩给予500元财政资金补助，帮助农民和贫困户增收脱贫，计划用三年的时间推进稻虾综合种养面积达到10万亩以上；彭泽县政府出台了《关于加快发展“一虾一蟹”产业的实施意见》，成立虾蟹产业发展的推进领导小组，并设立了办公室，高位推动稻虾（蟹）产业发展。吉安市委、市政府非常重视稻虾综合种养的发展，将发展稻虾综合种养写入了市政府一号文件，并计划将稻渔综合种养纳入到全市高标准农田的建设内容中并予以扶持。九江、上饶、鹰潭三设区市政府也已把稻渔综合种养纳入到了高标准农田的建设内容中并予以推动。

为稳步推进并落实稻渔综合种养工作，自2012年以来，江西省农业厅渔业局专门成立了以局领导为组长的稻渔综合种养领导小组和技术支撑专家组，各地渔业主管部门也相应成立了领导小组和技术小组，负责组织和协调本地区的稻渔综合种养工作的推进，确保了稻渔综合种养这一渔业转方式调结构的重要抓手得到有效落实。

二、打造核心、示范引领

江西农垦在滨湖地区发展“稻虾共生”模式。该地区因水资源丰富，稻田连片面积大，基础条件好。湖区农垦农场要通过打造核心示范点，建立示范区，引导大户带动、农企互动等措施，推动稻虾综合种养规模化生产的进程，并通过政府整合的涉农资金的引领鼓励农户积极参与到稻虾综合种养的队伍中来。例如，彭泽、都昌、余干、万年等鄱阳湖区的重点县均已建立了各自的稻虾综合种养核心区和示范区，通过核心示范，计划整县推进稻虾综合种养。据统计，湖区5县的核心示范区的面积达5.2万余亩，且区内规模效益不断攀升。又如，新建区以恒湖垦殖场万亩连片稻虾综合种养为核心示范区，推动了周边的联圩乡、象山乡、昌邑乡和大塘乡的稻虾综合种养的推广，带动农户300余户。该核心示范区的养殖示范户基本实现了“五个一”的示范效果，即一块田、一茬稻、一季虾、10万元（户平均40亩面积、养虾收入达10万元以上）、一次性投入，年年有收益。

江西省农垦丘陵山区，因田块不规整，连片面积小，以种植中稻为主，受水资源限制。当地结合特色养殖品种，如甲鱼、泥鳅等，发展稻鳖、稻鳅等综合种养模式，在南丰、余江、乐平等地建立了稻鳖、稻鳅综合种养核心区，核心面积达2000余亩。

三、重视培训、服务到点

近年来，江西省农垦积极组织开展稻渔综合种养技术培训，多次邀请省外稻渔综合种养专家对全省养殖技术人员、养殖大户、企业等进行授课，引起了巨大反响，掀起了种养热潮。例如，2015年，组织全省养殖技术人员、养殖大户，赴武汉开展稻渔综合种养技术培训；2017年，又邀请湖北潜江稻虾综合种养实战专家开展“小龙虾‘稻虾连（共）作’工程建设和养殖技术培训”，来自九江地区的技术人员、养殖户、养殖企业负责人共300余人参加了培训。此次培训为养殖户开展“稻虾连（共）作”养殖提供了可操作的技术模式，得到了广大农民朋友的欢迎和好评。与此同时，全省稻渔综合种养领导小组和技术专家组经常到养殖基地（养殖点）开展点对点的技术服务，并现场解答有关养殖的生产实践问题，有效地提高了农民稻渔综合种养技术水平。

四、严格标准、生态种养

要充分发挥江西省内现代农业产业技术体系中水稻产业技术体系和特色水产产业技术体系的技术队伍作用，在多年稻渔综合种养的基础上，组织两个体系的技术人员和生产一线人员联合制定“稻虾共作”“稻鳅共作”“稻鳖共作”“稻蟹共作”“稻蛙共作”“稻渔共作”“莲虾共作”等多个稻渔综合种养技术操作规程，印成技术手册指导农民科学种养、生态种养。严格稻渔综合种养技术标准，实施生态种养，推广绿色防控、秸秆还田等技术措施，做到少投饲料、少打农药、少施化肥。严格执行绿色产品环境标准，全面推进水环境综合治理，确保用优质的水环境种养出优质安全的水稻和渔产品。严格监管标准，加强生产投入监管，充分发挥基层水产品质量安全检测中心的作用，定期对稻渔综合种养的环境、水源、生产投入品和产品进行检测与监测，并对每个养殖塘口建立质量安全追溯体系，确保产品安全。

五、培育龙头、打造品牌

综合种养产业的发展，离不开龙头企业的带动和品牌战略的实施，在大力推广稻渔综合种养的过程中，要十分注重龙头企业的培植和公共区域性品牌的建设。例如，彭泽县现代农业示范园区稻虾综合种养基地位于该县的浪溪镇，规划面积为1.5万亩，2017年已完成种养面积5000亩，核心企业为九江市凯瑞生态农业开发有限公司。彭泽县政府十分重视龙头企业的培植，引导企业进行土地流转，由龙头企业统一进行稻虾综合种养基地的建设，建成后通过“龙头企业+合作社+农户”产业模式进行生产，带动养殖户70户开展稻虾综合种养。与此同时，该龙头企业通过实行“五个统一”，回收农户的大米和虾产品，开展鄱阳湖牌小龙虾和鄱阳湖虾稻米的营销，实现公司和农户双赢的目标。通过品牌营销和龙头带动，该示范基地产生了巨大经济效益和生态效益。经组织专家测产，每亩小龙虾的产量达200斤以上，产值达4000元以上；每亩有机稻产量达800斤以上，产值达2000元以上。稻虾综合种养每亩综合产值达6000元以上，纯收入可达3600元，并带动周边150户农户脱贫致富。

六、总结提高、扩大规模

为提高稻田效益，江西省农垦地区在一季稻田、低产田区、低洼湖区，大力试验示范稻渔综合种养，总结提炼出了稻虾、稻鳖等六大综合种养模式，并扩大示范推广区。在示范推广区，实行“三对接”服务、“六统一”管理模式，即生产与销售对接，发展专业合作社、经纪人队伍；企业与基地对接，实现加工转化增值；专家与农户对接，解决技术推广“最后一公里”的问题；生产经营实行统一种苗供应、统一订单生产、统一技术服务、统一生产管理、统一品牌创建、统一销售渠道。此外，为提升模式和总结经验，江西省由局领导带队，多次组织全省各地市渔业分管领导、渔业企业、养殖大户等人员赴省外考察学习稻渔综合种养经营模式。此外，江西省农垦系统、渔业大县，多次自行组织本系统内养殖企业、技术人员、养殖大户等赴湖北、安徽、江苏等地考察稻渔综合种养产业的发展状况，学习先进经验。目前，稻虾综合种养模式在环鄱阳湖地区得到大力推广，面积达10万余亩。

第四章　江西农垦高质量农业改革与发展

近年来，江西省农垦按照“快乐农业、幸福农工、美丽农场”的发展蓝图，紧紧围绕“创新强垦增动力、协调惠垦补短板、绿色兴垦定方向、开放助垦拓空间、共享富垦谋福祉”的发展理念，以推进农业供给侧结构性改革为主线，大力推进农垦产业结构调整，走出了一条质量兴垦、绿色美垦和高效强垦之路。党的十八大以来，累计实现国民生产总值967亿元，累计实现工农业总产值3162亿元，完成固定资产投资1133亿元，累计上缴税金103亿元，累计提供商品粮262万吨、生猪419万头、水产品16万吨。

第一节　江西农垦绿色生态农业改革与发展

中央对江西的生态环境保护和生态文明建设工作尤为关心，习近平总书记特别强调绿色生态是江西的最大财富、最大优势、最大品牌，一定要保护好，做好治山理水、显山露水的文章，走出一条经济发展和生态文明水平提高相辅相成、相得益彰的路子，打造美丽中国的“江西样板”。江西省认真贯彻落实习近平总书记系列重要讲话精神，把绿色发展理念贯穿于经济社会发展的全过程，深入推进国家生态文明试验区建设，厚植生态优势，发展绿色经济，做活山水文章，打响“绿色生态”品牌，促进经济与生态协调发展、人与自然和谐相处，坚定不移地走出了一条生态立省、绿色崛起的发展新路。

一、江西农垦生态农业发展

江西省农垦按照“从产业结构上发展精致农业，从产品结构上发展精品农业，从技术结构上发展精准农业，从主体结构上发展精兵农业，从品牌结构上发展精牌农业”的目标要求，坚持“良种、良法、良田、良态、良效”相结合，以推进农业供给侧结构性改革为主线，大力推进垦区农业生态化，把农垦场建设成为现代生态农业示范基地。

1. 建立生态种养孵化基地

江西省农垦通过试种试养，先后开发出“稻虾共作”“稻鸭共作”“稻鳖共作”等稻田综合种养模式，成为引领农业结构调整、促进农民增收的明星模式。据统计，全省农垦综合种养面积已达6万亩，吸引周边乡村农民纷纷学习效仿。

2. 建立生态农业社会服务体系

江西省农垦系统依托现有农业资源优势，大力推进农业社会化服务体系建设，为周边农村提供种子、化肥、农药、农机、仓储等一条龙的农业社会化服务，广泛开展“代耕、代种、代收”服务，不仅大大减轻了周边农民的劳动强度，也为促进土地流转开展规模化经营创造了条件。

3. 建立生态农业经营主体

江西省农垦系统高度重视农业新型经营主体培育，一批龙头企业、专业合作社、种养大户、职业农民等新型经营主体不断发展壮大，不仅解决了农场“谁来种地”的问题，还纷纷走出农垦，到周边乡村开展规模化经营，成为农村农业生产的主力军。据统计，江西省农垦现在有林业、种植业、畜牧业、渔业、农机、植保、服务业等领域的专业合作组织1078个，家庭农场5872个，其中经农业部门认定的家庭农场有1147个，经工商部门注册登记的家庭农场有869个。

以云山垦殖场为例，已经建立了“五大”农业产业基地。以凤凰山甲鱼场为主的1000亩鄱阳湖甲鱼无公害种养殖基地，年产商品甲鱼达到100万只、65万公斤；以云居山茶业、燕山青茶业为主的5000亩有机茶基地，年产优质有机茶叶3万公斤；建立了以柑橘为主的3万亩优质果业基地，年产优质果品4500万公斤；建立了以云居米业公司为主的3万亩优质大米生产基地，年产优质稻米1306.5万公斤；建立了以军山油茶基地为主的1万亩油茶基地，年产油茶1000万公斤。“燕山青”茶叶农民专业合作社成功申报为首批国家级农业示范合作社。云居山有机茶厂和云居山米业有限公司被认定为江西省著名商标企业。“云居”牌柑橘、梨、桃为江西省著名商标和绿色食品。“燕山青”茶叶荣获“百年世博中国名茶金骆驼奖”。“云居”牌禅茶荣获“第三届中国茶叶博览会红茶类金奖、绿茶类优质奖”。制定完成了云山集团综合信息化的3年总体规划，甲鱼场、“燕山青”茶叶和云居山有机茶通过了原农业部质量追溯项目总验收。

二、江西农垦六大绿色生态体系建设

1. 大力发展绿色生态农业

全面规划、合理组织垦区农业生产，确保数量安全、质量安全、资源安全、生态安全，提高农业综合生产效益，做大做强绿色生态产业。

2. 做大做强绿色生态产业

统筹协调农垦系统各方资源力量，共同推动江西农垦旅游业的整体发展，把旅游文化、生物医药、水稻、水果、水禽等优势产业培植成为绿色生态产业。

3. 积极开发绿色生态产品

近年来，江西农垦大力开发“三品一标一追溯”产品。目前，江西农垦农产品质量追溯体系建设单位达到41家，农产品涵盖大米、茶叶、茶油等多种产品。

4. 加快创建绿色生态品牌

江西农垦坚持深耕绿色生态品牌的文化价值，着力在优质产品、特色产品和大宗产品上培育一批有产业影响力和市场竞争力的绿色生态品牌，打响赣垦品牌。

5. 全面建设绿色生态家园

目前，江西农垦正携手省质监部门组织开展江西农垦首批绿色生态家园标准化建设试点工作。加快推进以“三规合一”为先导、特色产业为支撑、居民富裕为基础、生态友好为特色、垦区文明为根本的和谐秀美垦区建设，打造一批绿色环保、生态优良、宜居宜业的绿色生态家园。

6. 着力创新绿色生态制度

加快探索建立科学化的考核评价机制、合理化的生态补偿机制、市场化的资源交易机制、法制化的监督管理机制。

三、江西农垦生态农业实践

当前，江西省农垦在各农场大力开展生态农业实践，形成了形式多样的生态农业及其扶贫发展模式。例如，新余市仙女湖风景名胜区九龙山垦殖场塔前分场取得了不错成绩。该分场管辖15个村小组，45个自然村，共有农户712户，人口2148人，党员70名，耕地面积达2340亩，油茶林面积达3888亩。塔前分场把脱贫攻坚工作作为首要政治任务和第一民生工程，精准施策，多措并举，合力攻坚，确保扶贫政策落地生效，全面推进脱贫攻坚工作。在“一户一策”“一人一计”进行精准帮扶的基础上，加大产业扶贫力度，设立贫困户创业引导资金，鼓励成功人士带动贫困户就业创业，大力培育农村新型经营。

1. 新余农场发展“山村茶树菇”生态经济

茶树菇具有很强的补肾功效和抗肿瘤活性功能，为国际菇类交易市场十大畅销菌品之一，号称“中华神菇”，在日本、新加坡、美国、欧洲各国、中国香港、中国台湾的超级市场上，每公斤干品价值高达100美元，是一个刚刚兴起的朝阳生态农业项目。新余市梦熙农业农民专业合作社位于塔前分场，是一家集食用菌生产、加工、销售为一体的专业型农民合作社，合作社实行“基地+农户”的产业化发展模式，带动周边贫困户脱贫。该基地占地面积达15亩，当年可实现种植茶树菇菌包60万袋，产量达24万余公斤，实现年产值200多万元。在九龙山垦殖场塔前分场新型经营主体快速发展的同时，村民自主探索的热情也被点燃，股权也被盘活。以资产股权为纽带，“合作社+基地+农户+贫困户”等带动引领模式促进了农业生产发展方式的有效转变。

2. 永丰垦殖场发展生态养鱼

永丰垦殖场强力推进生态农业建设，2013年投资600万元，实施江夏湖精养鱼池改造项目，改造精养鱼池近2000亩，使江夏湖水产养殖场鲜鱼产量提高35%以上，效益大幅攀升。2014年投资400万元，实施下洋高标准农田改造项目，共改造下洋分场集中连片低产农田3000亩。大规模、大投入的项目建设使场内的土地资源不断升值，为垦殖场的农业现代化、产业化打下扎实基础。

3. 红星垦殖场建设生态循环农业

红星垦殖场引进了江西省省级农业产业化龙头企业——润邦农业开发集团，该公司是一家专门从事农业开发的民营企业，公司近年承包了东丰分场8000多亩耕地，集中连片开发，建设生态循环农业示范区。示范区有种植区、养殖区、烘干设备、加工厂、沼气风力光伏发电系统等。3000亩种植区主要种植白花蛇舌草及其他饲料草、水稻等，加工中心对白花蛇舌草、饲料草、水稻等进行加工，将白花蛇舌草加工成药材及饲料。该示范区以种植业为基础发展养殖业，建有3000亩高标准的水产养殖区，以养殖全雄黄颡鱼为主。还建有300亩年产达2.5亿尾鱼苗的孵化场。示范区还将白花蛇舌草及稻米加工后剩下的药渣及谷壳用于沼气发电，沼气的沼液用于养鱼和种植业，药材及水稻加工后的副产品药渣、谷壳、鱼塘养殖废水又作为种植区的有机肥，从而形成了生态闭环的、可持续发展的循环经济农业生态模式（见图4－1）。该示范区目前已初步形成了农业循环产业链。目前，该示范区累计投资近3.5亿元。具备年产4万吨饲料草、4万吨稻谷、2.5万吨大米、4000吨鲜鱼、数千头肉牛、近千吨药材的生产能力，实现水稻生产全程机械化作业，病虫害绿色防控，并建立起农产品质量安全追溯管理系统。2014年示范区实现总产值1.5亿元。

图4－1　红星垦殖场的生态循环农业

4. 景德镇农垦发展“猪—沼—菜”生态模式

景德镇市梅岩垦殖场大力发展“猪—沼—菜”生态模式建设，带动农户利用沼液种植水芹菜，与周边农户共同增收致富。据统计，该生态模式带动农户种植水芹菜面积近300亩，产值达600多万元，利用沼液种植的水芹菜田块亩产量可达5000公斤以上，由于没有蚜虫，不喷洒农药，可节约化肥105吨、农药900公斤，既节省了农户种植成本，又降低了化肥与农药对土壤的破坏和残留。

利用沼液种植的水芹菜，大小匀称、青绿无渣、无丝嫩脆、口感好、香气浓，深受客户青睐。农垦企业有专门收购的市场，村民种植的水芹菜不存在滞销问题。2014 年底至 2015 年上半年，村民张恒根夫妇在自家的承包地上种植了 8 亩水芹菜，产值达 17 万元。这一棵棵小小的水芹菜一天天长大，成为了实现农民增收的“摇钱树”。

第二节　江西农垦休闲文化旅游产业的发展

一、江西农垦休闲文化旅游的概况

2018 年江西农垦在全省农垦系统全面推进乡村振兴战略实施培训班上提出，要坚持把每个农垦场作为功能完整的旅游目的地来建设，主动向“全域”发力，全面推动“旅游 +”，使旅游与农业、林业、工业、文化、医药等相关产业深度融合、共融共生，不仅彻底摆脱门票经济依赖，而且为其他产业提供新动能。预计全系统实现旅游收入 350 亿元，比 2017 年增长 15.5%，旅游产业已经成为推动垦区经济发展的重要引擎与支撑。

江西省农垦依托农垦良好自然生态景观和具有浓郁特色的农耕文化、知青文化、“干校”文化，大力推进文化旅游产业发展，成功地打造了一批体现农垦特色、游客喜闻乐见的文化旅游景观。“哪里有农垦哪里就是旅游风景区”“农垦风景独好”逐渐成为社会各界的广泛共识，旅游产业已成为推动农垦经济社会发展的一支重要力量。庐山、井冈山、游击垦殖场依托庐山、井冈山、三清山等热门景区，大力开办农家乐，成为游客放松心情、体验农村快乐的首选地。云山、德胜关、荷塘、大茅山、红星等垦殖场先后建成了再现农垦“芳华”、体现农垦情怀的博物馆、场史馆，成为返场知青追忆青春、寄托情怀的心灵圣地。五星、云山、五里、武山、金坪、介桥等垦殖场按照“修旧如旧”的原则修复“五七干校”旧址，一批情系红色土地、热爱干校文化的游客纷至沓来。据统计，2017 年，全系统实现旅游收入 350 亿元，比 2016 年增长了 15.5%。

罗铺垦殖场全力打造的现代生态农业观光园以“旅游 + 农业”模式得到了江西省委书记的高度称赞；井冈山企业集团一揽子开发建设的灵芝观光园、葡萄种植观光园、种养一体化休闲观光园、杨梅观光园、生态农业观光园、丽洲山庄，以丰富的旅游资源与多样的旅游体验令大批游客纷至沓来、流连忘返；东固垦殖场对历史文化资源进行深度改造和开发，建设了东固知青文化创意园，以“旅游＋文化”吸引四面八方的游客纷纷前来观赏体验；太平垦殖场大打“旅游＋民宿”“旅游＋节庆”牌，“乐享太平”的农垦旅游品牌已经形成；南英垦殖场与中科林德投资管理有限公司等投资主体合作建设的春风长绿国际生态度假主题公园计划投资25亿元，这意味着一个更大规模、更具吸引力、更具引领性的农垦全域旅游新样板即将诞生。

二、云山垦殖场的休闲旅游产业发展

云山垦殖场充分利用云山生态资源，改造升级了集休闲观光、生态旅游、绿色农技教育于一体的凤凰山桃花园、燕山龙源峡精品农业生态观光景区（见图4－2）。

图4－2　云山垦殖场的休闲生态旅游农场

同时，围绕农垦文化红色旅游，重点实施了“五个一”工程：抢救性挖掘、收集、整理早期农垦时代的图片、文献、实物等资料；投入300多万元对王震、萧克将军旧居进行收整；对农垦部、卫生部“五七干校”的旧址进行抢救维修和道路硬化；建立了一个反映农垦人生产、生活历史的展示馆；制作了一部农垦文化专题片，反映了云山的昨天、今天和明天。王震、萧克将军旧居正在进行规划设计和房屋征收工作；依托千年古刹云居山真如禅寺，把禅宗文化的精髓，如经典、人物、地名故事、佛教传说等与云山旅游结合在一起，建立了相关的吃、住、行、游、购、娱等配套设施，使禅宗文化成为云山文化旅游的新亮点。

近年来，该垦殖场在冽源分场建设了2000亩花卉苗木基地和罗形分场的1000亩梨园（见图4-3），种有樱花、海棠、红叶李、朩笔等十多个名贵品种，吸引了一批游客前来赏花。该垦殖场对2000亩茶园进行了改造升级，在茶园周边和空余间隙种植了5000多株樱花树，游客不仅可以观光赏花，拍照留影，还能体验采茶制茶，尽情享受自己的劳动成果。旅游产业的发展活跃了当地的经济，带动了农民增收。

图4-3　云山垦殖场罗形分场的千亩梨园

三、金坪农场发展生态旅游

赣江河畔、八族福地，作为江西唯一一个拥有8个少数民族的集聚地，金坪华侨农场依托秀丽的自然山水风光，立足多民族文化的融合、展示、体验与传承，吸引四方游客来品味民族风情，向世人展现其民族民俗文化的独特魅力。

近年来，该农场围绕“近处环游、打造特色景观节点区”的定位，以赏花、采果、尝药膳、品慢生活、体验民族风情为引爆点，打造慢客风情小镇。该农场共投入5000余万元建设民族文化礼堂、民族团结广场、村史馆、民族风情门楼、民族主题公园、民族文化展示馆、民俗小院、民宿小院、瑶寨养生园、慢客绿道、停车场、旅游公厕等旅游设施，“吃、住、行、游、购、娱”旅游六大要素基本完成。

四、桑海集团的神农岭生态园发展

桑海集团是一个以制药为龙头，集工、农、贸、运、建、服于一体的多元化农垦企业集团，为充分发挥以南昌济生制药厂和南昌桑海制药厂为龙头的集团制药企业集群年消耗5000余吨中药材的优势，桑海集团按“良好农业规范”（GAP）的要求，在集团内建立了规范化中药材种植基地2000余亩，并在神农岭农业生态园（见图4－4）开发了一个中药材示范园——百草园。百草园中现种

图4－4 神农岭农业生态园

植了连钱草、丹参、白术、瞿麦、桔梗、红花、益母草等20多个道地药材品种。瞿麦花盛开的季节，一株株瞿麦枝头上散落着几朵淡红色或白色的小花，而且花的边缘长着细细的流苏，一片片像彩云飘落在碧绿的茶园间，美不胜收。

此外，桑海神农岭种植生态有机茶1500余亩。一年四季，无论哪个季节来这里，都是漫山郁郁葱葱，雾纱轻绕，给人一种迷幻的感觉，让人感受诗一般的意境。桑海集团投资近千万元，在神农岭农业生态园内新建了6条进出园区的水泥路（见图4－5），这些垦区公路不但将园区同“南昌绿谷”其他9个现代农业示范园（区）连成一片，而且从南昌市区到神农岭农业生态园仅需几十分钟，南昌市民又多了一个体验生态农业、休闲度假的好去处。以神农岭农业生态园为主体，进一步整合桑海农业原生态自然资源，大力发展生态绿色、休闲观光、示范高效的农业，桑海农业正在转型成为生态绿色旅游产业。

图4－5　神农岭生态园区内的道路

桑海集团开发了怀恩寺、建昌第一村、白马草原马术俱乐部（见图4－6）、高尔夫、网球、射击馆等一批休闲观光旅游项目。坚持项目开发与环境亮化相结合，做到规划先行，合理布局，高标准建设，景区、景点交相辉映，项目建设既充满了淳朴的山村气息，又展现了环境优美、清新优雅的现代气息。

五、黄岗山旅游开发

黄岗山（九天）旅游综合开发项目是经江西省农垦办牵线由宜丰县人民政府与江西宜春九天旅游置业有限公司于2011年1月签订的总投资3亿元的综合性旅游开发项目。项目位于江西省西北部国家级官山自然保护区西麓，占地面积达15000多亩，景区内有峡谷漂流（见图4－7）、高山拓展、竹林野战、山水乐

图 4－6　白马草原马术俱乐部

图 4－7　黄岗山漂流项目

园、溯溪探险、观光栈道、大型酒店和度假别墅等大型项目。项目建设期预计为五年半。第一期总投资约为4000万元，用一年半时间完成峡谷漂流、峡谷溯溪探险、野外拓展项目。第二期、第三期总投资约为2.6亿元，计划用四年时间完成旅游配套项目、竹林野战、星级避暑山庄、度假公寓区项目。

六、海潭垦殖场的“乡村马拉松”

近年来，海潭垦殖场认真贯彻落实江西省农垦事业管理办公室“乡村振兴江西农垦率先行动”战略部署，积极投入地方县乡村振兴发展和美丽乡村建设主战场。该垦殖场分步骤实施了村庄规划建设，并将2000亩茶园（见图4－8）改造升级，打造成了全县最美乡村休闲景区和党员干部红色教育劳动体验区。

图4－8　海潭垦殖场2000亩茶园

“2018中国·莲花美丽乡村国际半程马拉松”组委会对以海潭垦殖场为主的区域路线和风景赞不绝口，一致同意马拉松线路绕场设置。5月27日，“千里赣鄱·中国（江西）美丽乡村马拉松联赛（莲花站）”在江西省莲花县鸣枪起跑，来自国内外2000多名马拉松爱好者在美丽的“莲花福地”奔跑，超万名游客赶到马拉松路线的核心区即风景秀丽的海潭垦殖场赏景观光（见图4－9）。

图4－9　海潭垦殖场内马拉松比赛的赛道

第三节　江西农垦农产品质量可追溯农业的发展

一、江西农垦推进农产品质量可追溯成效

江西农垦自20世纪90年代起，从绿色食品的开发、有机食品的壮大，到农产品质量追溯体系的建设，和其他兄弟垦区一样，谱写着从无到有、从小到大、从弱到强的辉煌篇章。同时，也积极探索着实现农产品数量安全、质量安全、资源安全和社会安全有机统一的新模式、新路径。绿色食品和有机食品的开发，实现了农产品从“土地”到“餐桌”的全过程质量控制；农垦农产品质量追溯体系的建设，实现了农产品从“田头”到“心头”的全方位科学追溯。2011年底，经原农业部批准，江西农垦正式建成运行的农产品质量追溯体系项目有6个，创建单位24家，自主培育企业26家，成为全省农产品质量安全建设的亮点。

2017年，江西省农垦系统农产品质量追溯体系建设新增项目单位11家，追溯体系项目建设单位累计达到60家，建设数量、规模、质量均位居全国农垦前列。第四届茶叶博览会茶叶评比大赛中，江西省农垦选送的“茗龙红韵”茶夺得红茶“茶王”大奖。在第十五届中国国际农产品交易会上，江西省农垦选送的溯源产品——云山甲鱼、赣岭茶油、溢香禽蛋获得全国农垦团评审组委会颁发的产品金奖。全省农垦系统进一步加强农业新型经营主体培育工作，龙头企业、专业合作社、种养大户、新型职业农民等一批农业新型经营主体发展加速。截至目前，全系统专业合作组织发展至1078个、家庭农场发展至5872个，为推进垦区现代农业建设提供了强劲动力。

二、江西农垦推行农产品质量可追溯农业的经验

江西农垦农产品质量追溯体系建设强化了“三个结合”：一是把农产品质量追溯体系建设与实施鄱阳湖生态经济区规划战略结合起来，站在国家战略层面的高度，明确建设方向，定位建设目标，谋划建设规划；二是把农产品质量追溯体系建设与建设富裕和谐秀美江西的战略目标结合起来，站在新阶段、新起点的高度，促进思想大解放、推动思维大拓展、实现思路大创新；三是把农产品质量追溯体系建设与转变农业发展方式结合起来，站在保障农产品质量安全的高度，加快农产品升级换代，促进企业做大做强。

江西农垦在推进农产品质量追溯体系中突出了“三个加强”：一是加强项目库建设，在大米、茶叶、水果、蔬菜、水产品、畜肉、禽肉、禽蛋、牛奶等类别中加强农产品质量追溯体系建设项目的组织、编制、申报、储备等工作，力争申报一批、成功一批；二是加强培训宣传力度，培育、造就一支高素质的农产品质量追溯体系建设队伍，不断壮大人才队伍；三是加强项目建设与管理，对项目任务、实施进度、运行质量、资金使用等情况实行动态监管和实地核查，进一步完善“生产有记录、信息可查询、流向可跟踪、质量可追溯”的农产品质量追溯体系。

江西农垦农产品质量可追溯发展实现了“三大作为”：一是以农产品质量追溯体系建设为抓手，促进了农业标准化生产；二是以农产品质量追溯体系建设为平台，推进了农业产业化；三是以农产品质量追溯体系建设为载体，树立了企业新形象。

江西农垦农产品质量可追溯发展创造了“三大成果”：一是农垦农产品质量追溯体系建设已经成为江西展示现代农业建设成果和良好生态环境的重要名片；

二是农垦农产品质量追溯体系建设已经成为“建好菜园子、丰富菜篮子、管好菜摊子”的重要途径；三是农垦农产品质量追溯体系建设已经搭建起从“田头”到“心头”桥梁，消费者借助互联网通过电脑等电子终端设备可以全面了解和掌握农产品生产全过程，实现信息对称，真正追溯到“心头”，成为让“心”放心的重要平台。

三、江西农垦农产品质量可追溯验收

2012 年 3 月 11 日至 17 日，由 5 位专家组成的验收组，对江西省安义县万埠垦殖场杨梅、九江市茅山头企业集团小龙虾和斑点叉尾鮰、浮梁县浮瑶仙芝茶业有限公司和婺源县国营珍珠山综合垦殖场的茶叶产品质量追溯系统建设项目进行了检查验收。专家组一行首先以座谈会形式，听取项目建设单位的工作汇报，然后通过现场检查、材料审阅、记录审核的方式，进行现场考评，并与农户交谈、与项目执行人员交流，按项目建设要求，对项目建设单位组织和制度建设、软硬件配备及运行情况、信息档案建立、产品质量控制、标签使用管理、项目资金使用六方面认真审查，本着科学、公平、公正的原则，从严要求，讲原则、讲标准、求实效，确保项目建设期验收质量，同时，对企业现状提出了针对性强、可操作的意见和建议。在验收工作中，专家指出，农产品质量追溯项目是以工业化的理念来管理农业生产，以标准化为基础，在生产、管理、质量上通过信息化手段体现出来的；分数的高低不是其验收的目的，通过专家检查，发现实施中存在的问题，进而根据专家意见和建议，改进工作，促进生产水平、管理水平的提高，促使实施单位、农民经济效益提升，保证农产品质量安全水平，保持追溯项目持续发展才是验收的真正目的。

第四节 江西农垦“智慧农业”的改革与实践

在实施乡村振兴战略的进程中，江西省农垦系统积极推动现代农业向“智慧农业”升级，以新型城镇化建设为依托，以绿色生态家园建设为平台，以打造现代农业农产品质量追溯体系为路径，以培育新型农业经营主体为载体，推动乡村振兴战略的实施。

一、“智慧农业”简介

智慧农业是云计算、物流网、云计算、遥感技术、地理信息系统等多种信息技术在农业中综合、全面的应用，实现了农业智能管理。智慧农业与现代生物技术、种植技术等高新技术融合于一体，对建设高水平的现代农业具有重要意义。

中国台湾的智慧农业历经30多年的发展，依托高新技术改造传统农业，已形成了以生产高品质、高科技含量、高附加值的农产品为目标，以特色化布局、标准化生产、产业化经营为主要抓手，从而实现高质量、高效益、高水平的现代农业生产体系。其基本特征可概括为：生产经营模式细腻化、生产技术科学化、产品品质高级化、营销渠道多元化、产品处理精致化和组织形式集约化。中国台湾智慧农业突破传统种植思路，以先进高效的生物技术结合智能化的生产工艺，实现低成本、高产量、高品质的绿色有机蔬菜，创造了每亩年收入10万元的高效成绩。

二、江西农垦“智慧农业”探索情况

当前，江西省农垦正在积极推动现代农业向“智慧农业”升级。全省农垦系统致力于发展精致农业、精品农业、精准农业、精兵农业和精牌农业，加大与网络运营商共商共建共享力度，着力构建现代农业智慧化综合信息管理系统，一个个集农业物联、电子商务、信息服务、科技推广、文化创意等于一体的“智慧农业云平台”为垦区的现代农业插上了腾飞的翅膀。

打造“智慧农业示范园”“信息化应用示范基地”“太阳光伏农业科技大棚”“绿色生态循环农业模式”“全程机械化专业服务体系”“稻虾共作”“稻鳖共生”等“智慧农业”是当前江西农垦推进现代农业的主攻方向。

例1：在恒湖垦殖场职工陈勇的蔬菜大棚里，挂在他前方的一个灰盒子上面有根黑色天线，这是远程控制终端。他说：“以前种菜全凭经验、靠感觉，有了这个终端，我可以从手机上接收短信，随时了解棚内的温度、湿度，进行相应的管理，不仅可以监控温度、湿度，还实现了水肥一体化、蔬菜病虫害远程诊断等立体化管理。”目前，江西省75个国有农场正在兴建智能温室、电脑机房。在梅岭垦殖场，大棚蔬菜已实现自动化、半自动化生产，并与智能系统对接，实现了精确化生产。消费者通过互联网还可远程监控整个生长过程，从而放心消费。通过智能化管理，使农业逐渐从以人力为中心、依赖于单一机械的生产模式转向以信息和软件为中心的生产模式，减少了人工成本，降低了劳动强度，提高了农业生产效率。

例2：“您查询的是云山集团畜牧水产良种公司园艺场生产的水蜜桃，产品经检验合格，请放心食用!”打开一盒水蜜桃，消费者只需用手机扫描一下二维码信息，就会弹出一个“农业部农垦农产品质量追溯项目”的界面，详细记录了水蜜桃的种植基地、种植农户、采摘日期、销售去向等信息。这是江西农垦云山集团在全系统率先推行农垦农产品质量追溯系统的一个样本。该集团的相关负责人说，建立质量追溯体系，使他们种植的水蜜桃单价提高了50%。

例3：你想放慢脚步感受自然的气息，体验一番陶渊明式的田园生活吗？或者你是否想带着家人和孩子走进田间地头感受耕种的乐趣？即使你身处繁华的都市也不用发愁，因为在钢筋水泥的城市丛林就可以实现。在南昌市红谷滩某小区一幢楼房的楼顶上，记者见识了市民蔡娟的家庭“天空农场”。她指着楼顶用装配式、景观化的手法种植的绿色蔬菜高兴地说：“兴建家庭‘天空农场’，感受田园的气息，体验农耕的乐趣，还吃到了绿色蔬菜。”江西省农垦办正组织有关专家抓好科学规划，在全省都市中逐步推进“天空农场”建设，让蔬菜替代盆景，使葡萄覆盖楼顶阳台，让菜园、果园成为都市里的亮丽风景。在引导有条件的市民建设家庭“天空农场”的同时，江西省农垦办将组织农业科技有限公司投资建设集都市观光、娱乐、展示、交流、科普于一体的创意农业主题公园。

保障农产品质量安全，既要在生产上做文章，也要在管理上下功夫。江西省政府首次落实属地管理责任，将农产品安全列入市县科学发展综合考核内容后，江西省农垦办把农产品质量追溯体系建设作为农垦培植绿色生态品牌、质量安全品牌和新型信息化品牌的一项重大战略性举措来抓，与移动、联通、电信共同探索建立农产品质量可追溯产品信息服务与电商平台。目前，农垦系统农产品质量追溯体系项目建设单位累计达24个、创建单位达37个，追溯基地面积达60万亩，建设数量、规模、建设质量位居全国前列。江西省农垦新增的10家企业被纳入到了国家财政农垦农产品质量追溯项目建设计划中，列全国农垦第一位。

三、江西农垦推进中的“智慧农业”项目

1. 罗铺垦殖场着力打造“智慧农业”

罗铺垦殖场着力打造集蔬菜科研、育苗、观光、展示和高效精致农业于一体的“智慧农业”示范园。罗铺垦殖场的江西惠丰农业科技发展有限公司，于

2014年6月动工兴建高科技农业产业化示范园（见图4－10），核心区占地面积达200亩，建设总投资为1.2亿元。共建设6座一流的智能大棚，每座为1万平方米。目前，大棚主体工程已基本完成，并将投入试运行。建成后形成单种5万亩、复种10万亩的现代化大型育苗产业中心，可带动数万农户发展绿色、生态蔬菜种植。年产无公害、绿色、有机蔬菜100万吨，总产值达30亿元。

图4－10　建设中的罗铺垦殖场“智慧农业”示范园

该垦殖场通过高科技和现代化的管理方法促进农业产业发展、促进结构调整、促进产业升级。着力建设集电子商务、信息服务、农业科技、农业文化、观光休闲、物流交易于一体的现代农业科技示范基地；争创全国知名的无公害、绿色、有机蔬菜品牌；打造融生态农业、观光农业、设施农业、现代农业于一体的“智慧农业”。

2. *万安县麻源垦殖场信息化测土配方*

为积极推进测土配方施肥技术进村入户到田，万安县麻源垦殖场指导广大农户“按方”购肥、“精准”施肥，万安县土肥站根据土样检测结果及农户习惯施肥调查，制作了2万多张施肥建议卡发放到农户手中，另外还有400多张建议卡张贴于各乡镇村委会的交通要道、人口集聚区等公共场合，较好地起到了指导农民科学、精准施用化学肥料的作用。近日，笔者来到万安县麻源垦殖场的各村组，在人员聚集区、交通要道、村委会、商店等公共场所，看到万安县农业局土肥站根据测土配方得到的数据，根据每一个村点的土壤制作了针对性十分强的施肥配方建议卡。该施肥建议卡针对早稻、晚稻等作物的目标亩产，详细制定了一个村点的施肥方案。方案对肥料品种、亩施肥总量、施用方法，以及各个阶段的化肥施用量进行详细分解，开出了针对性强的施肥“处方”。农民再也不必像过去那样盲目地乱施滥施化学肥料，在减少开支的同时，还减少了化学肥料对土壤的污染，保障农村土地的永续利用。

3. 康山垦殖场的智慧农业发展

垦殖场作为滨湖地区的产粮农场，充分发挥丰富的农业资源优势，按照国家农业政策及惠农政策，明确发展思路，抢抓机遇，以大工业化思维来谋划农业产业化发展，以产业化推动农业现代化，围绕农业种植、水产养殖等主导产业，狠抓招商引资工作，积极引进农业产业化龙头企业，以龙头企业引领全场农业产业化发展。

近几年，康山垦殖场在建成全国最大的集泥鳅科研示范、科技博览、苗种繁育、商品泥鳅高产高效养殖等为一体的3000亩泥鳅生产基地、1万亩生态芡实基地、2万亩有机稻生产基地、2个水稻烘干厂后，新型农业经营主体不断形成，现在又初步建成了现代农业示范产业园。产业园有核心区农田7000亩，已建成3376平方米的智能工厂化连栋温室大棚（最高可进行5层立体育秧）、单体薄膜大棚达67个，已购买了4台喷农药的飞机，17台插秧机已投入早稻插秧，12台25吨烘干机组的烘干收储中心正在建设中，包括插秧机、收割机、植保机、大中拖等其他设施，总投资约达6000万元，已投资了5000万元。产业园实行“耕、种、防、收、烘”全程机械化，除自身的7000亩外，还和附近农户签订了全程机械化合同。产业园将成为江西省内最大的现代化育秧工厂，今后还将建设农事服务中心，形成农业服务一条龙。产业园将成为以科学技术为支撑，以农事服务为纽带，以水稻、蔬菜育秧和生产为核心的现代农业示范基地，加大科技投入力度，优化农业结构，建设现代农业示范园。

现代农业示范园的建设，促进了水稻全程机械化的发展，进一步推进了康山垦殖场现代农业的发展。康山垦殖场要充分发挥自身的生态优势，大力发展高效生态农业，努力做大特色产业，加大农业科技投入，使传统农业向现代农业转变，实现农业产业和生态农业相互促进，实现可持续发展。

四、江西农垦推进“智慧农业”的四点要求

1. 农垦企业要善于拥抱互联网技术

“将来的农业也许用一台电脑和一部手机就全部搞定了。”唐安来同志在全省农垦创新融合发展培训班上如是说。“中国人的饭碗要牢牢端在自己手里，农垦能为保障国家粮食安全做什么？农垦有着其他经营主体所不具备的优势，即集约化程度高、规模化经营、机械化效率高、人员素质高、新技术新知识运用程度高等，这些为我们发展‘智慧农业’奠定了良好的基础。”当今的中国正面临着谁来种田的问题，“空心村”大量存在。随着老龄化的加剧，谁来种田这个问题，只有大型产业化和“智慧农业”才能回答。这也是时代赋予农垦的一个机遇，一份责任，一次挑战，一份光荣。

刘永好说，要把奶牛养在彩云间。而我们农垦要把菜地搬上互联网，让用户远程监控整个种植生长过程；把蔬菜种进高楼大厦，让蔬菜替代盆景，成为装饰品；把葡萄种到千家万户的楼顶和阳台，让果园成为都市里的亮丽风景……让城市建筑物的屋顶上、居民家中的阳台、走廊，甚至公共绿地都有我们的身影。

2. 农垦要帮助健全社会服务化组织

未来几年，农垦要着力建立健全养老、文化、社会服务组织。要打造一支蕴含科技、智能的精准农业服务队伍，带领农垦从“机械化”走向“智慧化”。要播种了，一个电话；要喷洒农药了，一个电话；稻子熟了，一个电话。不仅如此，雇主还能通过互联网看到实时操作场景，这些都是“智慧农业”的缩影。

农垦自然资源丰富，大多数垦殖场所处的地理位置优越，生态环境优良，风景优美，在不久的将来，也许市民吃的是农垦的绿色食品，呼吸的是农垦的新鲜空气，住的是农垦的美丽农场，看到的是农垦的绿水青山，脚下踩的是农垦的万水千山。

3. “智慧农业”呼唤“职业农民”

发展智慧型农业，尤其是智慧型都市农业，不仅需要充分应用现代科技信息技术成果，培育新型职业农民，更要在农业生产中发展精准化、自动化和智能化，以及开展农村信息化建设。这就要求呼唤“职业农民”。所谓“职业农民”应该是经验丰富、技术全面的农村种植、经营能手，如经营家庭农场的专业种植能手，或者是种粮大户、农机大户，他们不仅能种好粮食，还能够预判风险，提

升收益，并带动周围的人致富。

4. 要以推进农业供给侧结构性改革为主线

要加快培育农垦主导产品、主导产业和主导品牌。一是紧紧围绕江西省农业结构调整行动计划，大力实施优质稻、蔬菜、果业、茶叶、水产、草食畜、中药材、油茶、休闲农业与乡村旅游九大产业发展工程。二是大力实施质量兴垦战略。深入实施绿色生态农业“十大行动”，进一步推进“从田头追溯到心头”的农产品质量追溯体系建设，把农垦打造成为优质农产品的代名词。三是推进一二三产业融合发展，依托农垦丰富的文化旅游资源，进一步挖掘知青文化、“干校”文化和红色文化，打造农垦文化产业园，不断拓展农业功能，延长产业链、提升价值链、完善利益链。

第五节 江西农垦扶贫攻坚实践

一、江西省农垦办大力推动扶贫攻坚

江西省农垦办认真贯彻落实中央和江西省委、省政府关于全面推进精准脱贫攻坚的决策部署，按照江西省扶贫开发领导小组关于开展扶贫日活动的统一安排，唐安来同志带队深入省农垦办定点帮扶贫困村开展督办调研活动，并走访慰问贫困户。他强调，江西省农垦办要坚决贯彻落实习近平总书记、李克强总理和汪洋副总理就全国脱贫攻坚奖表彰活动的重要指示精神，切实把精准扶贫、精准脱贫落到实处，举全办之力打赢这场脱贫攻坚战，不断夺取脱贫攻坚战的新胜利。

唐安来同志一行来到村口，直奔脱贫项目建设地——崇仁麻鸡养殖基地。在基地，唐安来同志亲切地与养殖户、贫困户交谈，仔细询问了麻鸡的饲养成本、鸡棚建设成本、养殖日常管理及养殖麻鸡的收益情况等。

随后，唐安来同志一行在村委会议室主持召开了现场座谈会。他指出，下一步对谙源村的帮扶要重点要从以下方面开展工作：一要把抓好定点帮扶村的党建工作作为治本之策。要把加强农村基层党建放在首位，着力解决好村级班子、党员队伍、后备干部队伍等方面存在的突出问题，为谙源村的经济社会发展留下一

支“不走的工作队”。二要把脱贫致富作为最终目标。要充分运用好国家及江西省的相关政策，在精准识别的基础上精准施策，对仍未脱贫的13户41人精准施策，确保如期脱贫。对未脱贫的贫困户采取建立精确到户的光伏扶贫实施方式，使每户贫困户切实获得逐年稳定收益，确保全部无劳动能力的贫困户公平、及时获得扶贫收入。同时立足实际，加大产业脱贫力度，积极发展崇仁麻鸡养殖产业。组织贫困户成立股份化专业合作社，完善制度机制，确保贫困户从麻鸡产业发展中获得收益。江西省农垦办将对光伏扶贫和麻鸡产业扶贫给予经费支持。

寒溪分场共有11个自然村，18个村民小组，共计822户，总人口达2632人（其中建档立卡的贫困人口为18户42人）。地域面积达58平方公里，耕地面积为2780亩，其中水田为2450亩（见图4－11）。按照“公司+合作社+种植能手+贫困户”的产业扶贫模式，因地制宜，长短结合，大力发展特色种养业，变“输血”为“造血”。每户贫困户至少有1亩以上可持续发展产业。同时，积极争取挂点帮扶部门给予资金扶持，为18户贫困户每户出资3000元，共计54000元作为贫困户的入股资金，到年终分场与贫困户按4∶6比例分红。如今，该场贫困户不仅能分得红利，而且还可以通过参与产业园劳作获取一份工资收入。为提

图4－11　寒溪农场的水稻田

升公司运营管理能力，该垦殖场创新产品营销形式，扩大销售渠道，依托狮子园旅游点，运用互联网为农产品提供更广阔的市场空间，有效地增加了农副产品的附加值。

二、地方垦区扶贫攻坚

1. 云山垦殖场的精准扶贫

永修县云山企业集团贫困户熊党生是2015年被确定的精准扶贫户，妻子赵春香自2002年患糖尿病以来伴有严重的并发症，每年医疗费用在3万元以上，报销后自己承担2万多元，并且长期需要人照顾生活起居，一双儿女刚刚出外打工。长期照顾妻子的重任落在了熊党生一人身上，直至2017年前，其家庭长期负债。扶贫工作开展后，熊党生因其家庭情况在各级组织和群众的关照下被确定为扶贫对象，采取广泛宣传，找准帮扶点。在医疗帮扶下，他免费参加了农村合作医疗和重大疾病商业保险，住房保障享受了1.5万元农垦危房改造资金补贴。2016年初，他种了5亩莲蓬，当年收入3万余元。

为把莲蓬产业做大，带动更多的周边群众脱贫致富，他在2017年7月注册成立了“永修县党生莲蓬专业合作社”，吸纳了10户为合作社成员。2017年莲蓬获得了丰收，吸引了很多游客来采摘莲蓬。2017年种植10亩莲蓬，纯收入为4.5万余元，种植18亩水稻，纯收入为1.5万元，闲时务工收入为3000元，产业直补养鸡63只，果业种植面积8.5亩，增收5300元，光伏发电收入为1000元，各项纯收入总计约达6.93万元，2017年实现高质量脱贫。

合作社稳步发展，为了壮大莲蓬种植规模，改善基础投入，新扩建了莲塘5亩，搭建了观光采摘平台，莲蓬种植基地形成了一定的规模。如今熊党生是周边小有名气的致富能手，用他的话说，是党的扶贫政策给他带来了希望，衷心感谢党，感谢组织，他愿用自己的行动影响和帮助带动周边群众致富，真诚地回报社会。

2. 九龙山垦区扶贫攻坚

新余市仙女湖风景名胜区九龙山垦殖场塔前分场管辖了15个村小组，45个自然村，共有农户712户，人口2148人，党员70名，耕地面积达2340亩，油茶林面积达3888亩。塔前分场把脱贫攻坚工作作为首要政治任务和第一民生工程，精准施策，多措并举，合力攻坚，确保扶贫政策落地生效，全面推进脱贫攻坚工作。在“一户一策”“一人一计”进行精准帮扶的基础上，加大产业扶贫力度，设立贫困户创业引导资金，鼓励成功人士带动贫困户就业创业，大力培育农村新型经营主体。新余市梦熙农业农民专业合作社位于塔前分场，是一家集食用菌生产、加工、销售为一体的专业型农民合作社，合作社实行“基地+农户”的产业化发展模式，带动周边贫困户脱贫。塔前分场经过多次调查研究，成功地引进了江西筱江南绿色农业发展有限公司，与新余市梦熙农业农民专业合作社携手发展“山村特色农业”——茶树菇种植，于塔前分场永家村实施茶树菇生态产业项目，该项目在传统产业的基础上进行升级，提高了产业的附加值。基地占地面积为15亩，可实现种植茶树菇菌包60万袋，产量达24万余公斤，实现年产值200多万元。基地一方面招聘贫困户人员14人从事全日制或季节性务工，直接解决就业；另一方面将菌袋分发给贫困户进行培养，在菌种成熟后统一收购，实现了贫困人员在家中就业，间接地带动创业。江西筱江南绿色农业发展有限公司还安排了专业技术人才入驻当地，手把手教村民种植技术。

在九龙山垦殖场塔前分场新型经营主体快速发展的同时，村民自主探索的热情被点燃，股权也被盘活。以资产股权为纽带，“合作社+基地+农户+贫困户”等带动引领模式促进了农业生产发展方式的有效转变。产业扶贫让每个参与群众都成了现代农业发展的股民、集体设施的主人，分享到了产业发展的成果，也打消了贫困户“坐等帮扶”的依赖思想，实现了从“要我干”向“我要干”的转变，让贫困户融入到产业发展的大军中。

3. 红桥垦殖场白沙岭分场的精准扶贫

红桥垦殖场白沙岭分场组织召开“春季总攻”脱贫攻坚工作布置会，驻村扶贫工作队长及横峰县相关部门领导等参加了会议。会议传达并学习了横峰县脱贫攻坚“春季总攻”行动动员会和总场脱贫攻坚“春季总攻”行动动员会会议精神，对下步脱贫攻坚重点工作做了部署。会议要求充分认识精准扶贫工作的严峻性，紧紧围绕“力量大整合、问题大排查、事情全解决”的目标，做到在“连心行动、清零行动”中出成效，在“五清五拆、七改三网”中出成效，在“产业发展、集体经济”中出成效，在“移风易俗、扶智扶志”中出成效，在“解剖麻雀，狠抓整改”中出成效。

扶贫工作组成员分别进一步查漏补缺，核对贫困户的基本信息，理顺逻辑关系，完善贫困户的档案资料，认真审核和核对，列出任务清单，加快整改，确保贫困户信息准确，各项资料齐全、完整。白沙岭扶贫工作队分成四组上户，发放春季招聘信息表，挨家挨户调查登记，填写调查问卷，收集群众信息，一边摸底，一边核查，一边登记，收集汇总问题清单，获取民众需求，提高群众的满意度。

4. 海潭垦殖场扶贫攻坚

莲花县海潭垦殖场通过发展产业，拓宽增收渠道，帮助贫困群众脱贫致富。该垦殖场始终把脱贫攻坚工作作为工作的重中之重，聚全场之力，通过产业帮扶、危房改造、移民搬迁等措施，让群众得到实惠。

该垦殖场组织42户贫困户在横塘分场建设了300亩油茶基地，于2017年3月全部种植完油茶树；在反复详细勘测的基础上，将光伏发电集中安置点放在洌源分场，6月底已并网发电，惠及全场所有贫困户；7月底举办第一届蜜梨节，蜜梨脱贫合作社、县商务局、县邮政邮乐购电商运营中心进行电商扶贫现场签约，1450单扶贫“蜜梨”网上补贴推送，由蜜梨节产生的“蜜梨王”“蜜梨皇”将1200元拍卖善款现场转交至贫困群众；危房改造和移民搬迁安置房正在加快建设，8月底竣工，2017年底交付使用，贫困群众都可喜迁新居，共圆新房梦。

三、赣州农垦推进扶贫“春季攻势”

赣州农垦按照江西省农垦办和赣州市政府脱贫攻坚的统一部署，把“春季攻势”行动作为2018年脱贫攻坚战的首场硬仗。江西省委常委、市委书记李炳军同志亲自部署脱贫攻坚“春季攻势”行动。先后召开了全市脱贫攻坚领导小组扩大会、全市扶贫办主任会、百企帮百村动员会、扶贫领域作风问题专项治理部署会等会议，对有关工作进行紧锣密鼓的细化部署，全市上下形成了“一边倒”推进脱贫攻坚工作的态势，实现了年度脱贫攻坚工作的良好开局。

一是细化责任主体职责清单。为进一步厘清各责任主体的脱贫攻坚责任，制定了《脱贫攻坚各责任主体主要职责清单》，细化县、乡、村三级脱贫攻坚相关责任主体的主要职责，明确县（市、区）委书记、县（市、区）长、分管领导、行业扶贫分管领导，乡镇党委书记（乡镇长）、分管领导，以及村支部书记（主任）、第一书记（工作队长）、驻村工作队员9类脱贫攻坚相关责任主体的主要职责清单，构建了更加明晰的脱贫攻坚责任体系，有效地推动了精准扶贫的责任落实、政策落实、工作落实，深受基层干部群众好评。

二是强化脱贫攻坚基础保障。坚持把强化脱贫攻坚基础保障作为工作重点，下发了《关于进一步规范完善扶贫内业资料建设的通知》，进一步规范完善扶贫内业资料，按照乡镇2人、村级1人的要求设置扶贫专职信息员。大力开展干部培训，制定扶贫干部政策和业务培训实施方案，对县以下有关干部分期、分批开展工作培训，有效地提升了基层干部脱贫攻坚的能力。对驻村帮扶工作队、第一书记进行调整优化，印发了《关于调整充实市直驻市单位驻村帮扶分管领导、工作队成员的通知》，把最优秀的干部派到脱贫攻坚工作的一线。同时，着重强化对全市167个深度贫困村的帮扶，印发了《关于落实副厅级以上、县（处）级领导、市直部门（市属企业）和民营企业挂点深度贫困村的通知》，对深度贫困村实现副厅级以上或县处级领导和民营企业挂点帮扶全覆盖。

三是聚焦破解重点、难点问题。针对工作中碰到的重点、难点问题，认真分析原因，制定并印发了《关于明确当前脱贫攻坚工作节点难点问题解决办法的通知》，就农村人户分离贫困对象的认定，贫困户脱贫质量差与贫困村退出贫困发生率控制在2%以下有矛盾时的处理，非贫困户突发大病恶病致贫且负债多，贫困家庭子女县外、市外、省外上学资助政策落实，城市规划区内农村贫困人口住房安全保障，城市规划区内农村贫困人口产业发展，财政扶贫资金支持的产业就业项目收益期，易地扶贫搬迁工作中建档立卡贫困户在资格审核后有家庭人员增减，金融扶贫“户贷企用”，第一书记参与项目资金监管，贫困户家庭收入认定等问题明确了统一的解决办法，规范有关问题的操作流程，统一解决口径。

四是积极探索精神扶贫举措。切实强化精神思想扶贫，针对基层反映的临近春节部分贫困户出现“三比三看”思想（比收入，看谁家庭条件更差；比政策，看谁享受帮扶更多；比干部，看谁的帮扶干部官大）开展专题调研，对有关问题进行深入研究。坚持强化正面引导，下发了《关于开展全市脱贫攻坚先进典型评选表彰活动的通知》，拟对2017年度脱贫攻坚先进典型进行表彰。大力开展“十佳脱贫之星”和“十佳产业扶贫带头人”等评选表彰活动，通过鲜活、生动、感人的脱贫事迹，用身边的事教育身边的人，提高典型的影响力，扩大示范引路效应，让贫困群众能够学有目标、赶有方向，掀起争脱贫、比脱贫的热潮，激发贫困群众的脱贫愿望和脱贫动力。

五是扎实提升脱贫攻坚质量。坚持把脱贫质量摆在首位，加强对瑞金市脱贫退出的指导力度，从全市精准扶贫攻坚战领导小组有关成员单位抽调近70人，组织8个综合督导组、7个行业督导组，由行业部门牵头，督促排查相关疑似问题，指导有关问题切实解决到位。

赣州农垦将在充分调研的基础上，制定出台《关于切实解决老人住老房问题专项工作方案》《关于进一步动员社会力量参与脱贫攻坚工作的意见》《关于建立致贫返贫预警机制的意见》等文件，切实解决工作中的难点、堵点，不断推动脱贫攻坚工作的开展。

案例篇

案例1　广丰垦殖场的改革与实践

——组建区域性现代农业企业集团，加快推进产业转型升级

摘要：广丰农垦有国有铜钹山垦殖场、国有五峰山垦殖场、国有鹤山垦殖场和国有黄尖山林场4家农场。在中央作出深化农垦改革重大决策以及江西省委作出推进农垦改革的具体部署后，广丰区委、区政府没有等待观望、回避矛盾、裹足不前，而是立足自身挖潜力、想方设法破难题，扎扎实实推进农垦改革，科学谋划、精心部署，走出了一条组建区域性现代农业企业集团、加快推进产业转型升级的发展之路。

案例内容：这是一场以问题为导向的改革硬仗

成立于20世纪50年代的广丰农垦也曾拥有辉煌的历史，但因机制滞后，资源难以整合，严重影响和制约了自身的发展。改革，势在必行。

这是一场破茧成蝶、浴火重生的华彩嬗变。从开荒种地到建成国有大型农业集团，广丰农垦勇立改革发展潮头，以垦区集团化、农场企业化改革为主线，以“资源变资产、资产变资本、资本变股本”为路径，多元化布局，产业化经营，激荡出一幅绚丽的改革春景。如今，广丰农垦精心培植的现代农业、红木文化、特色果蔬、休闲旅游四大主导产业正齐头并进，垦区总经营面积为21.8万亩，资产评估总值达27.8亿元。

一、破局——集团化改革，农垦实现华丽转身

浴火淬炼，方能凤凰涅槃；砥砺前行，才能后劲十足。2015年6月，广丰创江西省农垦改制先河，出资3亿元成立了“上饶市广丰农垦有限公司”全资国有

企业，下设铜钹山、五峰山、鹤山垦区和黄尖山林场四个控股子公司。“管”“办”分离，由国资委代表区政府对农垦集团依法履行出资人职责，农垦集团依法行使经营权。同时，大力推进集团公司内部改革，完善企业法人治理结构，深化内部分配制度、土地制度，积极调动一线管理员和广大职工的积极性。自此，广丰农垦再度扬帆起航。

农垦要改革，产权会不会“变天”？经营归属权该归谁？经营成果如何分配？职工权益怎么保障？这是萦绕在职工心中的疑问，也是农垦改革必须填答的时代问卷。为此，广丰农垦从明确产权、置换身份入手，精准发力，精确改革。

不确产权，何言改革。该区特请专业评估公司对所有垦殖场的土地、林木、矿产碳汇、旅游资源等进行了逐一评估，一一清查，一一注册登记，及时办理产权所有证。“改制，我们农垦所有权还是不变的”，望着一本本发放到自己手里的林业产权证，职工们顿时就有了“定心丸”，“变天”的疑惑烟消云散。

改制，不是简单地把职工甩向社会。为了解决职工的后顾之忧，距法定退休年龄5年内的职工全部签订内部退养协议，每月发放生活保障费430元；对其他已签订解除劳动关系协议的职工，全部由财政代缴社会养老保险和医疗保险。“公司+农户”让职工有了另一重福利，职工可以以自己的土地、林木等资源为资本，自愿入股集团，参与分红。生活有所依，老来有所养，这些举措全面解决了困扰垦殖场发展和职工保障机制的根本问题。

为破除传统体制机制屏障，该区巧用资源“杠杆”，积极拓宽资金“蓄水池”。一方面，按照“资源变资产、资产变资本、资本变股本”的思路，利用矿产、林木、土地等资源向广丰农村合作银行融资2亿元，向市农业发展银行申报现代农业示范园贷款5亿元，建设基金7000万元，储备林和防火项目共14.8亿元；另一方面，“联姻”上饶市绿投集团增资1.6亿元，进一步增强了集团的整体实力。就这样，一个总资产高达数十亿元的农垦“航母”公司，昂然屹立在丰溪大地上。

二、航行——市场化经营，多元发展活力无限

企业只有在市场摔打中才能成长壮大，市场化经营是农垦人永恒的“初心”。从成立之日起，广丰农垦集团积极拥抱市场经济，以产业为主线，以资产为纽带，打好“现代农业”“红木产业”“特色果蔬”“旅游产业”四张牌，注重产业规模化经营与融合发展，迸发出无穷的活力。

“联姻”高端农业，建设现代综合农业体。“要搞农业，一定要站在产业链的顶端”，精明的农垦人一眼就看上了现代农业综合发展。2016年，广丰农垦集团出资6.3亿元，建设江西省首个热带植物现代农业示范园。该园占地面积达5000亩，涵盖蔬菜栽培项目、热带植物园和种养加工基地三大板块。其中3.6万平方米的温控大棚和2万平方米的单体大棚均创全市之首。

推进“文”“旅”结合，擦亮广丰木雕品牌。广丰是根雕之乡，红木产业源远流长。广丰农垦集团“亲密接触”红木产业，投资10亿元与月兔集团共同开发木雕城项目，并结合创业文化、光阴文化、红木文化等传统文化，精心建设红木文化创意产业园，以广丰木雕城、红木家具生产基地为平台，全力打造一个集生产制造、技术研发、人才培训、文化传播、会展贸易、旅游休闲于一体的中国精品木雕、红木家具集散地和红木文化展示中心。

瞄准“特色果蔬”，生态产业丰富多元。广丰经济作物繁多，品质优良，农垦人自然不会错过这个“金娃娃”。牵手广丰飞鹰农业综合开发有限公司，在铜钹山垦区打造了面积达5600亩的高产油茶基地；打响云雾贡茶品牌，在张墩头、小丰山场种下了1100多亩的高山原生态有机茶；瞄准蓝莓果蔬，联营龙江专业合作社，在龙溪经营300余亩蓝莓基地；拥抱马家柚“金娃娃”，首期规划占地面积1万余亩，现已高标准建园8000余亩，探索开发“空中挂灯、树上挂虫、地上埋管、园中养鸡、水面养禽”绿色生态综合管理模式。

主打绿色经济，休闲旅游渐入佳境。铜钹山垦区水光潋滟，风景绮丽，素有“天然氧吧”之称（见图1-1）。农垦集团整合资金8000多万元，对景区配套设施和综合环境等基础设施进行改造和升级，打好“休闲养生”精品牌。东阳龙溪

图1-1　铜钹山垦区水光潋滟

村古韵悠长，古建筑群错落有致。农垦集团携手东阳乡政府共同投资1600万元，立足农耕文化、民俗文化，打造占地20000多平方米的乡愁文化园，烹制出一道别致的“文旅大餐”。

三、共享——获得感提升，改革红利不断释放

“晴空一鹤排云上，便引诗情到碧霄。”经历两年多的市场风雨洗礼，广丰农垦这棵“老树”绽放出重生的“新芽”，焕然一新。其数据最能打动人：

铜钹山油茶长势喜人。平均亩产茶油32.6公斤，亩创产值逾3000元；马家柚基地将进入盛产期，预计挂果1200万斤，产值将过亿元。

生态旅游业渐入佳境。2016年铜钹山接待游客60多万人次，同比增长28.48%，旅游综合收入达3000万元，同比增长29.07%；现代农业示范园一期开园仅半年，旅客流量已超100万人次，带动经济链产值近1000万元。旅游火起来了，农民富起来了。2017年上半年，全区已建成各类农业休闲项目（包括休闲农庄、采摘园、休闲垂钓等）275个，休闲农业从业人员总数达1.6万人，人均收入超出全市农民人均收入3000元。

红木文化创意产业园活力迸发。300多家企业入驻，实现产值50多亿元。“国家AAAA级旅游景区”“江西省文化创意旅游休闲街”“江西省现代服务业集聚区”纷至沓来。

改革，不仅让农垦集团的体制顺了、机制活了，更让职工享受到了发展“红利”。

离家不离乡，致富路子宽。“我在茶园摘茶每天有100多元的收入，一个月下来能赚3000多元!”一聊起在农场做茶农的收入，铜钹山叶家村民谢丽茸就有说不完的话题，“除了摘茶，还有育苗、种植、施肥、翻晒新茶、包装，一年到头在茶园打零工，现在不用出家门，也能赚上万元”。像谢丽茸一样，很多人在家门口实现了就业。据统计，仅红木文化创意产业园安置就业人员就有近万人，马家柚产业基地带动近千人就业，小丰山高山茶园每年带动数百人增收。多元化、产业化的经营展示了其超强的经济辐射能力。

旧居换新颜，职工笑开颜。宽阔平坦的水泥路，路旁两侧景观树郁郁葱葱，一幢幢青瓦粉黛的小洋楼拔地而起，这是坐落在苏五公路旁的紫坞新村。得益于农垦集团职工危房改造工程，原居住在条件恶劣的五峰山垦殖场的301户1600余人全部搬迁于此。“富不富，看马路；强不强，看新房”。近年来，垦区把职

工的危房改造作为最大的民心工程来抓。截至2016年底，农垦集团先后投入近2亿元，建设了620套职工保障房和800套公租房，对垦殖场7700多户危旧房进行了原址重建和维修加固，有效地解决了近3000名垦殖场职工的安居问题（见图1-2）。

图1-2　广丰农垦区的农工安居工程

改革创新无止境，快马加鞭未解鞍。在不断探索的进程中，广丰农垦踏准发展的鼓点，展现奋发有为的新状态。在今后，广丰农垦必将迈踏上更加壮阔的征程，让这棵"老树"更加枝繁叶茂。

案例总结：广丰垦殖场的成功之道

一、整合农场资源，组建广丰农垦集团

2016年，广丰区委区政府以资源资产为纽带，整合区内国有农林资源，按照有关法律法规组建了上饶市广丰农垦集团，成为自主经营、自负盈亏、自我约束、自我发展的国有独资现代农业企业集团。集团由上饶市广丰农垦有限公司作为母公司（出资1.53亿元），对铜钹山林场成立的铜钹山林场农垦有限公司（出资4800万元）、五都镇五峰山林场成立的五峰山林场农垦有限公司（出资1000万元）、洋口镇鹤山林场成立的鹤山林场农垦有限公司（出资500万元）、黄尖山林场成立的黄尖山林场农垦有限公司（出资8400万元）四个子公司进行

控股。集团实行总经理负责制，董事长为公司的法定代表人，下设生产技术部、财务部和行政部，各子公司独立经营、自负盈亏。

二、积极推进“三变”改革，激发集团发展活力

在组建集团的过程中，保持垦殖场（林场）原管理体制不变、资产所有权不变、争取的项目资金使用权不变。同时，区政府委托第三方专业公司对集团所属的3个垦殖场和1个林场进行了资产评估，总值达27.84亿元。在评估基础上，对所有资产进行了清查和注册登记，办理了资产权益所有权证，并逐步注入农垦集团，迈出了“资源变资产、资产变资本、资本变股本”的坚实步伐，极大激发了企业的发展活力和市场竞争力。

三、优化资源要素配置，加快产业转型升级

广丰农垦集团公司成立后，依托资源优势，按照创新、协调、绿色、开放、共享的新发展理念，积极推进产业资源集约化、规模化经营，着力打造现代农业示范区、林业科研推广示范区和生态旅游休闲区，促进现代农业、绿色果业、生态旅游等主导产业的发展与壮大。目前，投资6.3亿元、总规划面积达5000亩的广丰区现代农业示范区项目一期工程已有3000亩全面竣工、顺利开园，主要涵盖水肥一体化蔬菜栽培项目、热带植物园、农业创客中心和种养加工基地四大建设板块，同时还配套建设了6.5公里渠系工程和12.9公里园区道路。洋口万亩马家柚种植示范园按照现代绿色果业生产发展要求，现已建设高标准果园8000余亩，进入挂果期面积已达2000余亩，并通过“公司+职工”模式以及综合性农林业服务带动一批垦区职工群众增收。依托铜钹山垦殖场丰富的生态旅游资源，广丰农垦集团与铜钹山管理委员会联营，投资8000多万元，对景区游客中心、停车场、游步道等旅游配套设施和综合环境进行了改造提升。同时，为充分利用垦区庞大的公益林旅游资源，广丰农垦集团公司正着手投资珍稀植物园、公益林保护示范区、野生动植物保护示范区建设，力争3年内打造一个国家级农林休闲观光示范区。

综上可知，坚持“三变”路径、唤醒沉睡资源是关键。实现“资源变资产、资产变资本、资本变股本”是江西农垦扎实推进改革发展的正确路径。以改革促发展、以发展推改革是法则。在深化农垦改革进程中，一手推改革，一手促发展，把以改革促发展、以发展推改革转变为具体行动，建设现代农业示范区，构

建林业科研推广示范区，打造生态旅游休闲区。

案例思考：进一步推进广丰垦殖场改革发展的建议

一、实施主体带动战略

广丰农垦要以区域性农垦集团、国有农场为依托，充分发挥集农技指导、信用评价、保险推广、产品营销于一体的公益性和综合性农业公共服务以及农机作业、统防统治、集中育秧、加工储存等生产性服务的优势，在全面振兴农业经济中进一步发挥引导作用。

二、实施产业升级战略

近年来，广丰农垦结合绿色生态优势，大力推进以绿色生态农业、绿色生态产业、绿色生态产品、绿色生态品牌为主要内容的“绿色生态体系”建设，在产业转型升级方面迈出了新步伐。下一步，广丰农垦将继续推进现代农业、果业、红木家具等产业优化升级，努力打造成为绿色生态产业的聚集区、农业现代化的示范区。

三、实施乡村振兴战略

农垦作为农业经济的骨干和代表，要在乡村振兴战略中积极发挥重要作用。广丰农垦集团将引导周边农村以自愿的方式入股集团，对零星、分散的资产进行重组融资，变资产为股本，因地制宜地带领村集体和村民大力发展马家柚、茶叶、特种药材、乡村旅游等产业，努力实现经济收入稳定增长。

案例2 大茅山垦区的改革与实践

摘要：近年来上饶大茅山垦区积极实施“三变、三化、三合”改革，“以改革为抓手，保护绿色生态，实现绿色崛起”总体目标，落实创新举措，强化组织保障，谱写经济社会发展的新篇章。2017 年全集团公司实现工农业总产值 131912 万元；实现营业收入 121600 万元；实现利税总额 5247 万元；累计完成固定资产投资 46805 万元，完成计划的 117%；发电量完成 3322 万千瓦时，同比增长 38.12%；人均纯收入达 15495 元，同比增长 4.8%，完成了全年目标任务。

案例内容：大茅山垦区的改革“抓手”

一、坚持将党建与企业发展结合起来

坚持全面从严治党，将党建工作与企业发展由“两张皮”拧成了“一股绳”，走出了一条企业党建的新路子。

一方面，在深入推进“两学一做”学习教育常态化制度化，扎实做好基层党组织标准建设、智慧党建、“两项活动”、“党员首管制”、学习贯彻党的十九大精神、社区“两委”换届选举等重点党建工作的同时，将党建工作创新融入企业改革发展稳定的全过程、全方位、全领域，着力实现“132”目标任务（“1”是落实一项任务，即“农垦改革发展”；“3”是抓实三个机制，即“经营管理、项目建设、优质服务”；“2”是提供两个保障，即“职工权益维护、企业文化建设”），并取得了实效。

另一方面，深入贯彻中央和江西省委、市委全面从严治党要求，压紧压实“两个责任”，严肃查处违纪违法案件，认真开展“三项整治”等工作。在市纪

委的指导下办结2起案件，对3名违纪党员进行了处理，达到了以案明纪、以案示法的效果。共开展明察暗访9次，严肃处理顶风违纪者。共组织开展反腐倡廉教育200余人次，党员干部受教育面达到100%，印发各类廉政宣传画、宣传资料3000余册，使反腐倡廉意识深入人心。

二、以绿色理念促进传统产业升级

始终坚持“既要金山银山，更要绿水青山”的发展理念，走经济发展与生态保护双赢的发展之路。

一方面，大力发展循环经济。支持金山矿业、三和金业建成生态型环保企业，使整个黄金产业达到环保循环，产品实现绿色生态。2017年9月金山矿业3000吨/日采选扩建工程项目正式开工。同月，集团公司成功收购了江西三和金业有限公司4%的股权，该公司拥有国内领先的生物氧化炭浆提金选冶技术，是典型的环保企业，也是上饶市50强企业之一。

另一方面，开发利用绿色能源。2014年，集团公司启动域内7座水电站增效扩能技改项目，该项目于2016年6月圆满完成，2017年2月并网发电，现装机达12215千瓦。通过技术革新，实现了绿色清洁能源的最佳开发利用。同时，下属的大茅山建设工程有限公司于2017年10月成功取得二级资质，承建的5个异地集中新建农垦危旧房改造安置小区及池口现代农业庄园项目一期，实现了人、建筑、自然的有机融合，最大限度地节省了资源，减少了对环境的破坏，营造了健康舒适的人居环境。

同时，我们积极推进市重点项目建设，截至12月底铜矿五号库已签订征迁协议201户，腾空190户，拆除135户，分配安置房188户，土地征收13342.62亩，发放补偿款2178.16万元，已完成坟墓迁移131座，并新增了一家规模以上工业企业。

三、以生态优势助推现代农业发展

合理规划大茅山的绿色生态农业生产，围绕“131”目标，将传统农业与现代农业有机融合，打造“快乐农业”新样板。

“1”主要是打造一个现代庄园。以池口为核心，全力打造8000亩集循环农业、种植养殖、休闲养生、文化旅游于一体的生态大健康现代农业庄园，培植绿色生态产业，推动一二三产业融合发展。该项目总投资额达38亿元，分三期建设，项目一期已于 2017 年 4 月启动，总投资额达 6500 万元，采用自投自建模式，已于 11 月底完工。同时，通过此平台，与江西北星农业有限公司签约国家中医药管理局行业专项“20 种道地药材特色栽培及加工技术规范化应用”和中医药健康旅游示范基地建设项目，该项目总投资金额达 2.6 亿元，用地 2000 亩，可辐射带动周边农工及农民 8000 亩的种植规模增收致富。

“3”主要是打造三个示范基地。集团公司从传统的林上经济向林下经济转型，重点打造远景 5 万亩、近景 5000 亩中草药种植基地，30 万只羽蛋鸡养殖基地和池口生态茶园产业化示范基地。2017 年 6 月，与大茅山中药生物科技有限公司签约了三叶青项目，该项目总投资 3.9 亿元，集团公司采取土地流转方式参股合作分红，已种植种苗 60 余万株；10 月成立了黄精产业发展有限公司，已完成 3200 亩黄精种植；完成了 1800 亩的铁皮石斛种植。同时，还推进了蛋鸡养殖向生产规模化、环境生态化、产品安全化发展。对标行业标准，提升茶叶品质，重点打造池口生态茶园基地（国家级优质茶园基地）。

“1”主要是拓宽一条致富渠道。因地制宜引导和鼓励职工发展林下经济，种植旱园竹、毛竹、茶油、茶叶、中草药等，养殖山羊、土鸡、肉牛等，创办“农家乐”“家庭农场”，推进家庭经营、合作经营等，让困难职工脱贫，让广大职工分享“绿色生态产业”带来的致富甜头。同时，推动农产品申请“三品一标”认证，建立质量追溯体系，加大品牌宣传力度，打响“大茅山”绿色生态品牌。

2017 年 8 月，大茅山集团公司及下属的大茅山生态绿化工程有限公司均被上饶市农业产业化工作领导小组认定为“农业产业化市级龙头企业”。

四、以生态保护夯实绿色发展根基

全面融入江西省创建“生态文明建设示范区”总体布局，保护生态环境，创建绿色家园，建设秀美乡村，让职工群众共享绿色成果，让“美丽农场”留住乡愁。

一方面，继续强化环境保护力度，集团公司森林覆盖率达 91.5%，山林面积达 36 万亩（其中国家公益林面积达 18.3 万亩），是一座天然氧吧公司，为了呵护好这片青山绿水，集团公司不仅着重做好护绿工作，还重点实施了“河长制”和“十五小”企业防控，以及制止石煤盗采等保绿工作，并完成了面积达 1105.6 亩的增绿工程。

另一方面，以成功入选江西省农垦首批绿色生态家园标准化试点单位为契机（全省仅14家），发展绿色、低碳、循环经济，打造区域发展绿色新平台。加大软环境和硬环境建设，让幸福家园名副其实。2017年12月建成大茅山文化展示馆，以文化的植入和引导，激发干部职工共建文明家园。同时，按照"望得见山、看得见水、留得住乡愁"的要求，于2017年11月底圆满完成1个池口秀美乡村点及9个新农村建设点，优化人居环境、发展生态农业，现在已经陆续有在外打工的大茅山人回到故乡创业就业。

五、以民生改善提升职工幸福指数

坚持以人为本改善民生，让职工群众共享改革发展成果，让"幸福农工"更加幸福。一方面，依托危旧房改造项目，改善场区人居环境，提升农工生活品质。截至2017年12月共实施危房改造4100户，国家投入资金1.5亿元以上，撬动民间投资2.5亿元以上，完善总部、15个二级单位、30个农林场、60个居民点基础设施配套，实现公共服务、道路建设、新农村建设、安全饮水、植树绿化全覆盖，全面带动了周边区域人口集群和城镇化建设。特别值得一提的是，2017年，集团公司总部辖区5个异地集中新建安置小区实现天然气管道户户通，李家畈小区还安装了智能服务平台/"地网工程"，属德兴首例。

另一方面，不断完善社会保障，确保社会和谐稳定。及时办理和足额缴纳职工养老、医疗等社会保险费用，努力争取到了江西省省属困难企业医疗保险补助1200万元，减轻了市医保基金和集团公司负担。全年新增民生支出近206.71万元，其中，发放低保金142.4万元，发放长寿补贴39.23万元，发放大病救助资金10.58万元，走访慰问困难职工资金14.5万元，保障了困难群众的基本生活。认真落实老干部政治、生活待遇，开展各类"大健康"活动。2017年12月23日成功举办了60周年庆典，进一步振奋精神，凝聚力量。强化矛盾排查和调处，加大改制遗留问题解决力度，合理回应职工群众诉求，强化安全生产工作，确保社会的和谐稳定。

专题1：大茅山集团公司秀美乡村建设

大茅山集团公司2017年度秀美乡村（新农村）建设工作共涉及10个村点，包括：花桥实业公司池口二组、耐火材料厂、坑口；发电公司瑞港；绕二实业公司寺前庙农场、重溪茶场；詹村社区江光二组、汽修厂；基建队社区水塔底片区；古圳头社区纸厂生活区。

2017年秀美乡村（新农村）项目总投资额达880多万元，其中花桥实业公司池口二组秀美乡村项目点为重点项目建设点，全年度完成项目投资510万元，形象进度为100%；其他9个新农村建设点，通过全年度的建设，工作目标已全部完成。

根据秀美乡村的工作计划及要求，3月完成2017年1个秀美乡村及9个新农村建设点的资料收集和选址申报工作，编制了《大茅山集团公司关于开展主要通道沿线环境整治提升建设的实施方案》和《2017年大茅山集团公司新农村建设实施方案》。布置落实建设项目，与“三拆一改”“七改三网”等工作相结合，有效地推动秀美乡村建设项目的实施。结合“三拆一改”工作，拆除了村内的部分不协调建筑，完成房屋“三拆一改”112栋、殡改“三改一建”144座；“七改三网”完成率为100%，特色亮点打造完成率为100%；全面完成消防设施建设等工作。

统筹资金方面，除了上级拨付秀美乡村（新农村）建设资金370万元外，集团公司为了更好地打造秀美乡村（新农村）建设，还积极组织了现代农业庄园配套资金3000万元、农垦危旧房改造室外配套资金277万元。11月底完成了10个新农村建设项目50%工程款的资金审批拨付程序。2017年，大茅山集团公司新农村建设坚持“六统”推进，强化“三精”操作，大力开展美丽示范农户庭院创建活动，积极争创全市美丽示范先行单位。花桥实业公司池口二组秀美乡村建设点被德兴市推荐为2017年度美丽示范村庄。

专题2：大茅山集团公司铜矿五号库征迁工作

德兴铜矿五号尾矿库是江西省重点工程，该项目涉及大茅山集团铁罗山实业公司林地13202亩，农田、旱地、农用地550亩，搬迁人员275户，迁移坟墓230座。

自启动铜矿五号尾矿库搬迁工作以来，大茅山集团公司成立了协调服务领导小组，全力推进征迁工作的开展。一是全力做好控违工作，杜绝违章建筑。二是认真做好调查摸底工作。对征用范围内山林、土地、菜地、民房、公共设施、坟墓进行了摸底登记。三是以深入走访、座谈等方式认真做好征迁宣传工作，把政策讲透彻，把道理讲明白，把后果讲在前。四是采取分组包干的措施，确保责任落实到人。成立了6个工作小组，每个小组由铁罗山实业公司副总经理以上人员任组长，公司工作人员任组员，将目标户按照人员进行逐户分解，每个组员对口包干，确保责任到人，不留死角。五是坚持公正公开，让征迁户成为“知情人”。将征迁政策向征迁户交底，做到“方案看得见，得益算得出”。让征迁户知道自己被征迁房屋的面积、置换情况，并将实时动态上榜公布，让群众把政策明了于心，把收益算得清楚。六是坚持以人为本，对征迁中的困难户、重点户有的放矢地做工作，进一步加强感情联络，切实为他们解决实际困难，赢得征迁户的信任与支持。

在德兴市委、市政府的正确领导下，经集团公司及铁罗山实业公司的共同努力，现已征收林地12991亩，完成了98.4%。发放补偿款2014万元；征收农田、旱地、农用地351.62亩，完成了63.93%。发放补偿款164.16万元；搬迁户中现已签订协议的有204户，完成了74.18%。腾空房屋190户，拆除房屋137户，已分配安置房188户；迁移坟墓131座，完成了56.96%。2017年12月，五号库下游坝开始筑坝，标志着五号库项目建设的顺利开工。

专题3：大茅山林下中药材种植示范与加工

大茅山林下中药材种植示范基地项目，位于大茅山集团龙头山实业公司山坑林场，由德兴市梦翔种养专业合作社组织实施。农业合作社成员有35户，于2015年12月10日成立，成员出资总额为350万元。现已经种植林下中药材黄精1056亩。德兴市梦翔种养专业合作社与江西省中医大学、江西省林业科学院等科研单位联系，争取科技支撑，共同保护开发黄精这一独特中药材。

江西北星农业有限公司与中国中医科学院中药研究所联合开发建设国家中医药管理局行业专项“20种道地药材特色栽培及加工技术规范化应用”和中医药健康旅游示范基地及饮片加工厂项目，该项目落户大茅山集团花桥实业公司的盘龙桥农场，项目占地面积达2000余亩，其中中药材种植面积达1920亩，建设用地面积达80亩；项目总投资额为2.6亿元；以种植枳壳、信前胡等二十种道地药材为主（见图2－1），建设打造全国一流的生态型中药材研发、道地野生药材家种驯化、试种基地及特色加工项目，并以种植基地为依托，开展中医药参观、体验（望、闻、问、切）的养生文化宣传工作。配套集垂钓、自行车环游、药乡、赏花、采果于一体的乡村一日游项目，并带动周边农户开发农家乐、民宿和土特产销售。本项目将在三年内建设占地面积达20亩、年加工3000吨的中草药加工厂，建筑面积为1200平方米的百草陈列馆，建筑面积为400平方米的中医馆及建筑面积400平方米的中医健康养生馆等设施。该项目的建设实施，将对德兴市的中草药产业和大健康旅游产业起到积极的示范作用。

图 2-1　大茅山垦区中药种植

专题4：大茅山集团公司池口秀美乡村振兴

池口秀美乡村建设项目位于大茅山花桥实业公司池口农场二队，该居民点有居民146户501人。项目一期工程总投资额为650余万元，于2016年11月开工，用时28天完成，创造了“池口速度”。项目建设围绕“山清水秀、村容整洁、民风淳朴、留住乡愁”的标准，主要建设项目为景观建设，水泥路面硬化，强弱电下地，房屋外墙统一色调和绿化、亮化工程（见图2-2）。其中景观建设游步道长达600余米，绿化面积为20余亩，房屋外墙统一色调31户。

池口秀美乡村建设项目二期于2017年6月开工建设，总投资额达317万元，于2017年10月底完成。围绕农垦文化、知青文化，建设一栋750平方米的农垦展示馆、占地面积3000余平方米的知青广场并配套40米长的文化长廊及知青舞台和池口文化中心；统一房屋立面改造44户，路面改造700余米，村庄内全部强弱电下地，雨污分流主管700余米。

池口秀美乡村还通过“党建+垃圾分类”，使村民的生活垃圾实现分类处理、集中转运、市场化运作。广大职工切身感受到了党和政府的关怀。

专题5：大茅山集团公司詹村社区改革

大茅山集团公司詹村社区于2010年成立，与集团公司二级单位黄柏洋工业公司、农垦危旧房改造物业管理公司合署办公。该社区现有在职管理人员12人，辖区内党员有37人。社区管辖的范围一是原黄柏洋工业公司下辖的黄柏洋、夹皮沟、麻子坞、汽车队、制药厂五个居民点600余户1900人，二是异地集中安置4个小区的1086户3000余人。

图2-2　池口秀美乡村建设

詹村社区自成立以来，围绕“秀美宜居”社区的目标，以智慧党建为抓手，以优质服务为重点，以群众满意为宗旨。充分发挥了基层党组织和党员干部的政治引领和先锋模范作用。社区党建指挥中心融合了“党建+社区特色服务+互联网”，采用“液晶屏+LED滚屏”的组合式视频播放设备，结合视频信息传输系统，实现了全景域“党建+特色服务”视频监控实时传输呈现，实现了社区特色服务工作和紧急事件的统一处置。便捷、高效、及时地解决居民的实际问题。

案例总结：大茅山垦区改革成功之道：以持续改革激发内生发展动力

大茅山集团公司积极按照中央、江西省农垦改革文件精神，根据生产经营管理的企业化，社会事业管理的属地化来推进改革，于2016年11月启动设立大茅山镇工作，2017 年底大茅山镇成功设立，将同时享受国家对乡镇和农垦的优惠政策，产生乘数效应，形成新的效益和竞争力，带动大茅山经济发展和职工增收致富，促进农垦事业健康持续发展。同时，为了平稳地过渡承接乡镇政府的职能，经市政府批准于 2017 年 5 月新成立了 3 个社区。

案例3　云山垦殖场的改革之路

摘要：云山集团坐落在风景秀丽的云居山下，区域面积达375平方公里，其中林地面积达37万亩，耕地面积达4万亩。近年来，云山垦殖场在省市农垦办的指导下，在永修县委、县政府的正确领导下，大力实施改革，锐意进取，充分利用云山良好的生态环境和丰富的农业资源，以建设优质农副产品供应基地为目标，全力推进农业产业结构调整，建立以绿色生态为核心的现代农业产业，农业产品正逐步由粗放、量多向质优、安全转变，农业产业也得到了全面发展，企业增效、农民增收的目标正在实现。2017年，集团实现农业产值2.12亿元，农民人均纯收入达到18516元。

案例内容：云山垦殖场的发展之路

云山垦殖场始建于1957年。面积达375平方公里，其中耕地面积为4.06万亩，山林面积为37.5万亩，水域面积为2万亩。人口为4.1万。云山垦殖场自创建以来，一直实行总场、分场、农场三级管理体制。下辖5家农业公司、39个农场（其中有9个挂靠管理的集体农场）、各类经济成分工贸企业95家。经过半个多世纪的艰苦创业，云山垦殖场已形成主导工业产业突出、现代特色农业凸显的经济社会系统，在统筹城乡发展、现代农业建设、新农村建设、农产品质量安全保障等方面发挥着积极的引领示范与辐射带动作用。

一、大力开展社会职能剥离，实现“农垦减负”

一是职工养老、医疗保险全覆盖。职工养老保险参保10516人、城乡居民养老保险参保6133人、失地农民养老保险参保922人、工伤保险参保366人、改制企业职工医保参保7810人、城镇职工医保参保187人、城镇居民医保参保8100人、新农合医保参保21064人。二是社会职能基本剥离。移交场办中小学校13所，移交教职工407人；移交场办卫生院3个，移交医务人员168人。三是群众上访大幅下降。在农垦改制之前，每年赴省上访有30多人次，改革后，每年赴省上访不到10人次，下降超过60%。四是管理体制基本理顺。在人员不增、职能不变的前提下，将原园区办6个局室重新整合，集团总部新设立了宣传、旅游管理2个科室；对5家农业公司的管理模式进行了改革，实行党委负责制；对工贸企业进行了整合，在军山、云山两个片区成立了工贸企业核算中心，成立了军山、云山两个片区工贸企业党委。

二、大力实施新型城镇化建设

近年来，云山垦殖场整合各类资金6334万元，投入周田、军山、燕山三个集镇共13条主要道路的改造及其配套绿化亮化和给排水工程。累计整合各类资金3367万元，完成了军山惠民新区、阳光小区、周田新区（北区）、燕山新村、燕山舍坪小区、燕山三皇新村、凤凰山小区的路网硬化、排水管网、人行道板铺贴、路沿石、绿化、亮化工程。累计投入560万元对军山和周田集镇实施了提升工程，大大改善了集镇的面貌。全集团共有28个新村点实施了建设改造，总户数为2182户，涉及7859人，共投入建设资金2680万元，对村庄实行了“三清七改五普及”，通过建设改造，农村环境明显改善，村庄面貌焕然一新，产业规模不断壮大，农工收入显著提高，基本实现了“走平坦路、喝干净水、上卫生厕、住整洁房、用洁净能源”的目标。

三、大力推进绿色生态农业发展

绿色是云山的品牌，生态是云山发展的载体。近年来，云山集团依托绿色品牌，紧紧围绕“品种特色化、基地规模化、生产标准化、产品绿色化”的农业发展方针，加快推进绿色生态农业发展，走出了一条绿色生态产业发展之路。

1. 产业基地不断壮大

集团始终把大力发展绿色生态农业，实现“四确保一提高”作为农业发展的重中之重，产业基地不断壮大。全集团已建成一座500亩无公害甲鱼良种养殖基地，3000亩有机茶基地，30000亩绿色柑橘和水蜜桃果业基地，30000亩有机优质大米基地，1万亩绿色油茶基地。2007年2月，中国绿色食品发展中心、中国绿色食品协会、中国科学院农业项目办公室联合授予云山集团国家级绿色生态农业示范基地建设单位。2017 年国家级现代农业示范园建设全面启动，3000 亩核心区征地拆迁工作全面完成，示范区的建设将全面带动永修县现代农业发展。4000 多亩高标准农田建设基本完成，将为云山优质大米提供更为安全的品质保证。500 亩“稻鳖共生”综合种养获得成功，这种新型的种养模式既保护了生态环境，又极大地提升了大米和甲鱼的品质，大米被评为九江市优质大米。实现了经济、生态和社会效益三赢。

2. 绿色产品更加丰富

集团立足农垦生态资源优势，大力开发“三品一标一追溯”产品。至 2017 年，集团共有 8 项产品先后通过国家绿色食品认证，5 项产品通过国家有机食品认证，1 项产品通过国家无公害农产品认证。集团于 2011 年开始实施农垦农产品质量追溯体系建设，如今，在江西省 26 家质量追溯项目建设单位中，云山占有 6 家，并成立了“云居”牌绿茶、柑橘、甲鱼、水蜜桃、大米和“燕山青”茶叶 6 个农垦农产品质量追溯数据（信息）中心。95% 的云山农产品实现了生产有记录、流向可追踪、信息可查询、安全有保障。

3. 绿色品牌进一步提升

集团着力在优质产品、特色产品和大宗产品的基础上培育一批有产业影响力和市场竞争力的绿色生态品牌，打响了云山农垦品牌。2003 年 6 月，集团第 29、第 31 类农产品统一注册了“云居牌”商标，江西鄱阳湖甲鱼良种繁育场还被批准为江西省级良种场，获国家级甲鱼良种场称号，甲鱼场的科技转化成果通过了农业部门的验收。“燕山青”茶叶、“卫民”蜂蜜均为江西省著名商标。“云居”牌柑橘、梨、桃被认定为江西省著名商标。“云居”牌柑橘、茶叶被评为江西省名牌农产品。“云居”生态中华鳖荣获“2017 年第十五届中国国际农产品交易会金奖”。

四、推进休闲观光农业发展

云山山清水秀、生态优良，拥有得天独厚的旅游发展优势，发展休闲观光农业，成为农垦农业转型升级的最佳方向。

云山集团生态农业和林业资源丰富，拥有万亩绿色柑橘、水蜜桃产业园，万亩油茶基地，深山蜜谷蜜蜂园，风情玫瑰园等一批特色生态农业产业园；拥有 20 万亩国家生态公益林和省级云居山自然保护区。拥有云居山省级风景名胜区、龙源峡景区等自然景区；拥有千年古寺——云居山真如禅寺及瑶田寺、庆云寺，“五七干校”旧址，将军旧居，农垦文史展示等人文景观资源。

集团围绕永修县打造文化旅游休闲基地建设的总体规划和目标要求，本着“突出特色、提升品位”的发展理念，以“生态文化、农垦文化、禅宗文化”为发展方向，以生态景区景点建设和开发乡村旅游为重点，以结构调整和产业升级为主线，依托优势、合理布局、加大投入、完善功能，加速实现农旅结合、产业融合发展，全面提速云山休闲观光农业的发展进程。

近年来，云山集团突出旅游产业发展，挖掘资源优势、狠抓旅游招商、着力项目建设、立足品牌创建，休闲观光农业得到了快速发展。集赏花、采摘、休闲农业于一体的凤凰山桃花园基础设施不断完善，每年都会吸引 30 万人前来观光旅游。集果业种植、农业科技开发、观光体验、科普教育于一体的绿海现代农业科技园区已初具规模，将成为青少年农业科普教育的最佳基地。九江云山油茶基地是一家集油茶科研、种植、加工、观光体验休闲于一体的农业产业化龙头企业，基地种植油茶面积达 6800 亩、年生产成品油茶籽 10000 吨、生产精制茶油 1000 吨。燕山玫瑰科技产业园以玫瑰花为产业链，致力于打造一个集玫瑰系列产品、观赏、休闲度假、婚纱摄影、儿童乐园、天然养生于一体的产业基地。地处燕山生态林区的深山蜂谷是一家集蜜蜂养殖、蜂产品加工、蜂文化展示、观光体验为一体的 AAA 级乡村旅游示范点。2017 年，集团以创建国家现代农业庄园为契机，投入 400 多万元进一步完善了旅游基础设施。2017 年，接待游客累计达到 60 多万人次，实现旅游综合收入 4. 2 亿元。

案例总结：云山垦殖场的发展经验

通过农垦改革，云山经济社会实现了健康快速发展，多项经济指标走在全县前列。全集团企业生产总值达 125. 06 亿元，是改革前的 3. 18 倍，年均增长 26. 03%，其中 2015 年完成 36. 1 亿元；2011 ~ 2016 年完成财税总收入 3. 366 亿元，是 2010 年的 4. 386 倍，年均增长 29. 11%，其中 2015 年完成 1. 0233 亿元；固定资产投资累计完成 51. 96 亿元。2015 年农村居民人均可支配收入 13526 元，是改革前的 3 倍多。2016 年，云山集团在永修县科学发展综合目标的考评中，获全县科学发展综合目标考评第一名。这充分说明，改革如“逆水行舟”，不进则退。我们要在改革中求发展，在发展中探索改革之路。

案例思考：进一步推进云山垦殖场旅游发展的两点建议

一是利用云山生态资源，改造升级景区。如要改造好集休闲观光、生态旅游、绿色农技教育于一体的凤凰山桃花园、燕山龙源峡精品农业生态观光景区；办好采、摘、娱、乐同步的2个旅游节；打造集游、购、赏、吃、住五大功能于一体的2个AAAA级农家乐景区。山水云山生态旅游形成了“景区有文化、旅游节有品位，农家乐有新意”的格局。

二是打造农垦文化品牌。围绕农垦文化红色旅游，重点实施了“五个一”工程，即抢救性挖掘、收集、整理早期农垦时代的图片、文献、实物等资料；投入300多万元对王震、萧克将军旧居进行收整；对农垦部、卫生部“五七干校”旧址进行了抢救维修和道路硬化；建立一个反映农垦人生产、生活历史的展示馆；制作一部农垦文化专题片，反映云山的昨天、今天和明天。王震、萧克将军旧居正在进行规划设计和房屋征收工作；依托千年古刹云居山真如禅寺，把禅宗文化的精髓，如经典、人物、地名故事、佛教传说等与云山旅游结合在一起，建立了相关的吃、住、行、游、购、娱等配套设施，使禅宗文化成为云山文化旅游的新亮点。

案例4　雷公尖垦殖场的改革与实践

摘要： 2017年，对于雷公尖垦殖场来说是转折之年，是奋起之年。这一年，在上级农垦的正确领导下，我们紧紧围绕“快乐农业，幸福农工，美丽农场”建设目标，按照“秀美幸福雷公尖”形象定位，紧扣“兴工富场、城建美场、生态立场、惠民稳场”十六字方针，扎实推进“百千亿”项目建设，上下齐心，团结奋进，攻坚克难，开拓创新，经济发展稳中有进，社会事业全面进步，群众安居乐业，社会和谐稳定，较好地完成了各项目标任务。

案例内容：改革攻坚的主要路径

一、重点项目全力推进

雷公尖垦殖场以项目建设为突破口，加快工业强乡进程，选准项目切入点，全力招商安商。全力推进了江西飞尚物联网技术有限公司项目建设；协助江西德铭纳公司参加了“2017年第六届中国创新创业大赛”（科技创新成就大赛），并获得了“全国优秀企业奖”，推进江西德铭纳公司校企合作，建立刀具人才校企合作样板并申报规模以上企业；协助平安运输公司做大做强完成了总部的项目建设；协助南环环保办好了企业职工社保以及企业产品质量合格签订报告；协助江西平久石业申报了江西省著名商标；协助善缘文化园和双林文化艺术园完成了土地规划，督促早日开工建设；做好了鹤坪省级森林公园项目、双林文化艺术园项目、“梅缘”和“逮东禅韵”等高档民宿项目的协调服务工作。

二、农垦改革的稳步推进

1. 全面完成国有土地确权登记发证工作

雷公尖垦殖场在靖安县县委、县政府的统一部署和市农业局的精心指导下，按照“依法依规、因地制宜、先易后难”的原则，提前谋划，精心安排，夯实责任，从实际出发，不搞“一刀切”，在尊重垦区居民意愿的前提下，严格按照流程开展农垦国有土地权籍调查、确权、签证、申请及发证工作，有力地推进国有土地确权登记发证工作。于2017年5月颁证到位，提前完成任务。全场颁证44本，面积达31463.98亩，其中，耕地867.81亩，林地29304.25亩，园地514.34亩，草地23.94亩，其他农用地87.4亩，国有建设用地639.56亩，国有未利用地26.68亩。

2. 加快推动农垦企业公司化运营工作

积极推进垦区集团化、农场企业化改革。为此我们成立农垦企业公司化运营筹划工作组，精心筹划改革工作，并组织考察组到兄弟单位考察学习农垦改革先进经验。2017年6月注册成立了江西靖安秀谷飞云农垦有限公司，并经县政府批复同意，将垦殖场部分资产权属注资划转到秀谷飞云农垦有限公司，同时，对划转的土地，聘请了宜春鑫达资产评估有限公司进行了评估作价，评估价为3026万元。

3. 扎实推进“绣谷”社区组建工作

为提高农垦“造血”能力，焕发农垦发展新生机，雷公尖垦殖场顺应改制需求，积极推进“绣谷”社区组建。于2017年3月成立社区筹建组织委员会，制定了社区居委会组建方案。积极开展社区组建摸底工作，对垦殖场各片区的居民户数、人数、居住范围进行摸底，宣传成立社区的必要性和好处；召开了居民代表会议，征求群众的意见。经居民代表会议商议，一致同意成立社区，并定名为“绣谷”社区。目前，已完成社区支委的换届工作。

4. 积极开展国家现代农业庄园创建申报工作

为推进农业可持续发展、实现新型农业现代化，雷公尖垦殖场立足现代农业庄园的自然条件、土地资源、农业资源、气候特点以及区位与交通条件，根据垦殖场创建国家现代农业庄园的总体思路和目标，于2017年5月高起点编制《江西省靖安县雷公尖国家现代农业庄园建设总体规划（2017～2020年）》，按照“一核、三区、多点”的格局进行现代农业庄园总体布局，力促形成核心区引领、功能区联动、多点支撑的竞相发展新格局。目前，雷公尖垦殖场国家现代农业庄园创建申报工作已通过国家行政初审和专家初审。

三、民生工程深入实施

1. 大力实施危旧房改造

一是全面完成了120套国有垦区危旧房改造工程。二是积极实施棚户区房新建，开展了复合厂危旧房改造工作，月亮湾安置小区已于8月17日正式开工，并顺利通过了江西省市城市棚户区改造项目督查组的督查，目前实施进度已过半。

2. 积极开展环境整治

积极开展公路沿线环境整治、“国省干线路长制”及城区环境整治工作，对全场路域、城区环境进行整治。共拆除标牌3个，遮挡坟墓27座，完成率达100%，完成对路域两旁路肩农作物、杂草、建筑垃圾的清除，有效地解决了公路占道打谷晒粮现象，打造了长坪村坳口组、八华里两个公路休闲景观点，共铺设公路沿线草皮1000平方米，景观围栏1100米。全场范围内拆除或整改违建202处，拆除违建面积达20447.02平方米。

3. 全面落实失地农民养老保险

认真贯彻落实江西省、市、县有关政策文件精神，明确目标，强化措施，统筹安排，扎实推进被征地农民参加养老保险工作。严格按照被征地农民三个准入条件，统一宣传口径、统一参保标准，对符合条件的被征地农民做到“应保尽保”；对不符合条件的，严把关口，一律不得纳入保障范畴，目前已有2个村5个组的545名被征地农民被纳入生活保障范围。

4. 深入推进精准扶贫

按照脱贫攻坚总体要求，深入推进扶贫举措落地生效。多次召开脱贫攻坚工作动员会，对脱贫攻坚工作进行安排部署，推进脱贫攻坚问题整改，对相关政策进行培训。制定下发了《关于进一步加强结对帮扶工作的文件》，为贫困户落实了第二、第三帮扶责任人。积极开展“一户三帮”的特色帮扶工作，让干部、经济实体、群众三股力量拧成一股绳，形成合力，充分发挥“精准”作用。加强与源茂绿康专业合作社的合作力度，合作社已于2017年11月进行了第二次分红，人均分红达1600元。

5. 不断完善基础设施建设

完成了长坪村自来水加压设施改造，三枥村污水管网改造和三枥李家、湾里路灯亮化工程；长坪村移民组、塔里河堤水毁水利工程项目已通过验收；李家山塘整治通过了省检；长坪村长坪组公路沿线房屋立面改造进入了扫尾阶段。

四、农业产业全面升级

按城乡总体规划，进一步完善了现代农业区域布局，集中发展了专业化、区域化、特色化的优势产业。加强惠农政策的宣传，稳妥推进农业三项补贴合并为农业支持保护补贴工作，惠农资金发放到位；落实资金3万余元，购置设备，建设农村综合产权交易中心；完成了330亩高标田建设项目设计评审，即将开工建设；完成春秋两季动物重大疫病防控工作，未发生重大动物疫病，免疫覆盖率达到100%；引进投资8000万元的源茂康网络科技有限公司，实现农户产品网上销售；与北京中测宏宇科技有限公司就建设330亩蔬菜基地达成投资意向，预计总投资额为3000万元。

案例思考：进一步促进农场发展的对策

一是组建农垦集团公司。按照“农垦企业集团+产业公司+子公司”的运行框架，成立由母公司全额控股的三个子公司，即雷公尖秀谷飞云农业发展有限公司，雷公尖秀谷飞云旅游开发有限公司，雷公尖秀谷飞云资产运营有限公司。每个子公司由母公司以现金形式出资注册，注册资金各为500万元。同时，进一步扩大农业投资，积极探索“资源变资产、资产变资本、资本变股本”的有效路径，推动资源资产整合、产业优化升级，建设现代农业的大基地、大园区、大企业、大产业。

二是打造龙头，推进公司运营。雷公尖垦殖场将加快推进江西靖安秀谷飞云农垦有限公司运营，推动垦区产业发展配套建设管理与服务平台建设，全力协助江西飞尚物联网项目建设并申报规模以上企业，重点打造靖安乃至宜春第一朵“生态云”；推动资产过户农垦公司，赋予公司融资资格，按照财政撬动、金融主导、社会参与的思路，创新产业融合投融资机制，采用PPP等模式，破解生态旅游项目融资难题；积极引进战略合作伙伴，加大招商引资力度，整合农垦产业发展资源，紧盯上海陈正机械新能源高端工业铝型材项目等一批投资意向项目，推动深度合作。

案例总结：雷公尖垦殖场农垦改革经验

其一，要深入贯彻落实党的十九大精神，大力实施乡村振兴战略，围绕“创新强垦增动力、协调惠垦补短板、绿色兴垦定方向、开放助垦拓空间、共享富垦谋福祉”的发展新理念，结合垦殖场实际情况，深入推进垦殖场企业化改革。其二，要坚持问题导向和目标导向相结合，重点破解影响农垦企业发展的体制机制性障碍，通过改革创新来解决发展中的实际问题，促进农垦经济做大做强。其三，真抓实干。推进农垦改革是党中央、国务院作出的重大决策部署，是必须按时完成的“硬任务”，雷公尖垦殖场将深入学习贯彻党的十九大精神，切实把思想和行动统一到党中央、国务院的决策部署上来，坚定信心，鼓足干劲，撸起袖子加油干，共同推动农垦改革落地生根，取得实效。

案例5　黄岗山垦殖场的改革之路

摘要：黄岗山垦殖场地处有“中国竹乡”之称的宜丰县境内，是原江西省属12家农垦企业之一。2000年6月移交宜丰县属地管理。全境面积达74.56平方公里，总人口为1.1万，职工总数为5488人，下辖6个农林分场、2个行政村、1个在企业改制后设立的社区管理服务单位托管中心。在推进农垦改革发展中，尤其是在贯彻落实党的十九大精神、实施乡村振兴战略、农垦土地确权颁证等工作中取得了一定的成效。2017年完成工农业生产总值15.2亿元，同比增长8.2%；财政总收入完成7951万元，同比增长7.5%。垦殖场的关注度和知名度不断提升。

案例内容：黄岗山垦殖场的改革发展路径

一、以贯彻落实党的十九大精神为指导，定位生态旅游，做实了三大生态经济板块

深入学习领会习近平总书记新时代中国特色社会主义思想，坚持以“三变三化”（资源变资本、资产变资本、资本变股本；垦区集团化、农场企业化、股权多元化）为主线，努力做好“三合”（整合、联合、融合）文章，做实了“医疗健康、生态旅游、基础设施”三大生态经济板块。

第一，做实了医疗健康经济。工业实现了从粗放耗能污染型向绿色健康环保型的转型升级，2017年底累计民营经济实体达50余家，规模以上工业企业8家，工业园区企业18家。江西华太药业年产值5亿元，2017年纳税2800万元，当前正在有序地推进股份改造上市进程。中奇金域2017年纳税突破千万元大关，现

正在被推荐为新三板上市公司。形成了“制药、医疗器械生产、医药中间体精细加工、中药材种植和医疗器械贸易”五大医疗健康产业体系。

第二，做实了生态旅游经济。以“3＋1”产业发展模式为指导，定位“打造南昌、武汉、长沙经济圈生态休闲颐养中心”思路，实现了向高端生态旅游经济的转型升级。建成了“江西省省级生态休闲农业示范区”“国家AAAA级旅游景区”的九天旅游主打品牌，总投入7800万元的药膳园和民俗住宿的精品养生基地基本建成，2017年接待游客10万余人次，实现旅游产值5000余万元。建成了位于院前分场面积为300亩的以“锦绣黄桃”为主导的特色水果采摘园，2017年实现销售收入25万元，带动当地贫困人口就业收入120余万元。签订了总投资额为16亿元的云上古阳寨山居小镇旅游项目意向性协议。总体形成了“生态旅游服务业为主体，健康环保工业和生态休闲农业为两翼”的生态产业新格局。

第三，做实了旅游基础设施。以打造旅游休闲城镇为核心，结合新农村建设、美丽乡村建设，加快推进居民集中点的改栏绿化美化亮化工程。加快“七改三网”和“10＋4”改造。重点实施了3250户危旧房改造项目，2017年完成了500套危旧房改造，进行了黄垦花苑、陈家坪、鑫龙花苑216套新建房的分配；总投入100余万元建成了江西黄岗山垦殖场展馆；改造硬化旅游公路16.8公里；按照AAAA级旅游标准植入了导向系统、星级厕所、亮化、音响、绿化等旅游基础设施元素。深入推进清洁工程，全面对下属的9个农林分场、村和社区进行环境整治，全面提升生态旅游业的承载量和服务能力。

二、以“旅游＋”理念规划布局产业发展，助推乡村振兴，着力打造“宜居、宜业、宜游”炎岭美丽乡村

从2017年8月开始，黄岗山垦殖场借势乡村休闲旅游，以“七彩炎岭”为主题，引进旅游开发联合体，采取股份制形式合力经营，加速推进炎岭田园综合体建设，全面完成了村部及古樟四个广场、青年创客基地、村史馆、美丽示范庭院、竹林游步道、旅游景观美化标识、景观亭、荷园栈道、民宿农家乐、竹海听茶馆、路面硬化黑化、绿化亮化等一期项目建设。成立了田园综合体旅游开发有限公司，采取“旅游＋”的思维和模式，通过“公司＋合作社＋农户”股份制经营模式，推进“村史馆、饮茶楼馆、游乐场、民宿农家乐＋其他旅游开发项目”的“4＋X”产业发展，开发建成了3600多亩的有机杨梅、猕猴桃、草莓种植园和380多亩的蔬菜及水面种养基地。下一步的炎岭美丽乡村建设将以“山地

骑行道、荷花观赏园、水果采摘区、典雅的饮茶楼馆、休闲民宿、家庭农庄”为开发重点。引导各类民间资金以不同方式参与美丽乡村建设，共同开发兴建“休闲民宿、家庭农庄”，让“吃、住、行、游、购、娱”等旅游要素在美丽乡村建设中得以充分体现，通过发展乡村旅游来促进农业转型升级的新业态，带动群众增收致富，形成“乡村度假、农业观光、城郊休闲、采摘体验”的田园综合体，真正实现全域旅游的目标。2017 年炎岭村美丽乡村建设代表全县成为宜春市经济社会发展和党建巡回看变化会的参观点之一。春节前，黄岗山垦殖场在炎岭举办了乡村旅游节，吸引了县内外游客甚至外国朋友到乡村过大年，炎岭的知名度越来越高，到炎岭参观调研的各级领导和社会知名人士络绎不绝，也有不少游客前去体验田园特色，人气指数大大提高，为建设田园综合体打好了底色。

三、以“尊重历史、面对现实、互让互利”为原则，明确目标任务，扎实有序地开展国有土地使用权确权颁证

在国有土地使用权确权登记发证工作中，黄岗山垦殖场按照上级农垦和县部署，明确了路线图、时间表、任务表，黄岗山垦殖场需要确权的国有土地面积为 9.8517 万亩（其中林地面积 7.7867 万亩，耕地、基本农田、山塘水库、建设用地 2.0651 万亩）。此次国有农用地确权 13086.74 亩，已登记发证 77 宗，共计 7200.31 亩，确权主要针对的是国有农用地，含耕地、山塘水库及未利用地。在推进土地确权过程中，黄岗山垦殖场强化资金保障这个根本，得到了县财政的大力支持，22 元/亩的勘测经费由县财政全额承担，黄岗山垦殖场也配套专项资金，以实报实销的方式对其工作进行补助，并规范资金管理，确保工作的顺利开展。目前，黄岗山垦殖场林地已确权，其他已经确认的国有土地确权图纸、地块公示已结束，现已进入地块的资料整理、发证工作阶段。但仍存在一些历史遗留问题，由于黄岗山垦殖场的大多土地是在当时历史条件下，以开垦和政府划拨的形式归属于垦殖场的，由于年代久远，许多土地权属在书面上无正式文件和协议，因原始资料缺乏，证据收集难度大，权属界限模糊，现仍有 2.7834 万亩国有土地尚未确权，其中 0.0927 万亩国有土地存在纠纷，成为了久而未决的历史遗留问题。

案例思考：进一步推进黄岗山垦殖场改革的对策

第一，锁定总体发展目标。在管理体制机制上，巩固属地管理后的改革发展成果，从农垦社会经济特点出发，构建与之发展相适应的服务型社会管理体系；在改革发展上，重点抓好“开展贫困农场精准扶贫、精准脱贫”和“在农垦改革中加强党的领导和党的建设”两个改革专项试点任务。争取各级的重视和支持，确保在规定的期限内完成国有土地确权颁证工作；在今后5年的总体经济发展上，力争工农业生产总值、财政收入、农工年人均收入年均增长7%以上。

第二，聚焦全域旅游发展。突出全域旅游的创建，收集上级农垦扶持政策信息，精心做好生态农业项目规划包装，把政策机遇转化为可以实施的项目。加速推进炎岭美丽乡村建设的二期产业建设，整合做大“猕猴桃、杨梅”等规模种植产业，抓好以“村史馆、饮茶楼馆、游乐场、民宿农家乐+其他旅游开发项目”的“4+X”为主线的旅游产业。建立黄岗山旅游发展集团，聚集社会力量，整合旅游资源，促使现有生态农业向规模化、品牌化推进；5年内初步建成日容纳游客10000人、住宿条件容纳2000人以上的宾招硬件设施，建立10家以上富有文化内涵或独具乡土特色的知名品牌农家乐，并形成旅游产业链，形成年产值超亿元的综合型休闲旅游度假区。

第三，突出基础设施重点。依托农垦特有属性，提升文化旅游品质；以危旧房改造和配套设施建设为支撑，优化人居环境；做精旅游基础设施，加快对居民集中点的改栏绿化美化亮化等工程建设进程，新建完善群众文化健身广场、公园、运动游乐园等休闲娱乐场所；重点以特色小镇建设为标准，加快“七改三网”和“10+4”改造，深度推进秀美乡村、新农村建设、中心村建设；进一步完善旅游型公路建设，达到“户户门前水泥路、人人出门不沾泥”的硬化水准；建成规划科学、独具特色、生活舒适、整洁干净的美丽乡村。

案例6　红星垦殖场的农权改革与产业实践

摘要：2017年，红星垦殖场以国有土地确权登记工作为抓手，创新农垦土地管理方式，践行“三变三化三合”的改革理念，农业产业化发展取得了较好的成效。截至2017年底，土地确权工作基本结束，实测总面积48105亩（其中建设用地7105.05亩，农用地36901.2亩），发放国有土地登记证563本，发证面积达44108.47亩，发证率达91.69%。

案例内容：红星垦殖场的改革发展路径

一、创新土地确权工作

红星垦殖场隶属于抚州市东乡区，总部距东乡城区4.5公里，下辖一个社区、一个管理委员会、四个分场，人口为1.6万。农场土地总面积为32平方公里，与东乡区孝岗镇、圩上桥镇、杨桥殿镇、邓家乡等多个乡镇接壤，地块分布零散，插花地块多，农业产业化开发难度大。

红星垦殖场土地确权发证工作自2017年6月9日开始，到10月底开始发证，耗时4个多月。其间经历了前期准备、入户调查、测量制图、公示审核、登记发证、建档入库、总结验收等多项工作流程。其中，入户调查和外业测量工作耗时80天，测量出红星垦殖场耕地324宗、园地19宗、林地249宗、草地58宗、交通用地56宗、水域211宗、未利用地57宗、建设用地231宗，实测红星垦殖场总面积为32.07平方公里。公示审核、登记发证及建档入库等室内工作耗时2个月，目前已发放国有土地登记证563本，发证面积达44108.47亩，发证率达91.69%。主要做法包括：

1. 加强组织领导，健全工作机构

成立了以党委书记为组长的确权工作领导小组，落实一名副场长专职负责。领导小组下设办公室，由农场土管、规划、农业、司法等部门负责人参加。相关分场也成立工作组，由挂点总场班子成员、分场主要负责人及办事人员组成，同时吸收老职工代表、熟悉情况的老干部等配合参加工作。据粗略统计，参与确权的工作人员达到30余人。

2. 做好宣传发动，营造工作氛围

土地确权登记离不开老百姓的支持和参与。为此，在开展工作前，农场组织召开了各级工作人员会议及党员干部会议，传达贯彻落实上级职能部门的工作要求，对土地确权登记工作进行周密安排，明确了工作程序、方法步骤、责任主体和质量要求。同时，通过张贴标语、悬挂条幅、发公开信、出黑板报、办宣传栏等各种形式，广泛宣传国有土地确权登记发证的目的、意义和相关政策，做到家喻户晓，充分调动群众的积极性。把"要职工确权"变成"职工要确权"，为全面铺开工作奠定了坚实的思想和群众基础。

3. 搞好培训学习，落实工作方案

积极参加江西省农垦办组织的土地确权登记培训活动，了解相关工作流程和政策依据。同时，在区委主管领导的带领下，前往广丰垦区、余江垦区等先进单位考察学习，借鉴兄弟单位的成功做法。通过观摩学习，工作人员开阔了视野，学到了经验，明确了工作流程和重点，促进了确权工作的顺利开展。

为了做好确权登记工作，农场还结合自身实际情况，制定了《红星垦殖场国有土地确权登记发证工作实施方案》。对土地确权工作的指导思想、工作目标、基本原则、工作内容、工作步骤及保障措施予以明确，做到分工到人，职责明确，安排合理。

4. 争取部门支持，形成工作合力

为了推动全区农垦国有土地确权登记工作，区政府成立了专门的工作机构，区属农业、林业、国土、法制及各相关农场协作联动，共同解决确权工作中遇到的困难和问题，确保农场土地确权登记工作高标准、高质量完成。针对农场测量技术力量和队伍力量弱的情况，区国土局指派专业测量公司进驻农场；确权过程中遇到新情况，区国土局、房产局、林业局、农业局等相关部门工作人员总是第一时间深入现场进行指导，答疑解惑，全力推进工作；区国土局主动提供高精度航空影像图，既确保了测量的精确度，又节省了经费支出；区财政局主动配合，先期从区政府协调10万元资金保障确权工作的顺利开展。

5. 依法依规操作，破解纠纷难点

由于农场国有土地与周边农民集体土地沙化严重，土地确权工作中遇到的最大问题就是土地边界纠纷问题。对此，红星垦殖场本着依法依规、规范操作、尊重历史、有利于生产生活和社会稳定的原则，采取内业粗线条、外业细线条的工作方法区别对待。在内业方面，分场与分场相邻的地块，原则上现在是哪个分场耕作即划入哪个分场范围内，但是如果相邻地块属同一地类，则划为一宗地。在外业方面，先在室内与相邻乡镇（场）按图说话，对没有任何异议的，当场签字确认；对有异议的，到实地勘界，向当地村民理事会、老职工、老干部调研取证，依据相关证据民主协商，依法确认，消除确权中的矛盾纠纷。现场实在确认不了的，再提交相关职能部门依法依据仲裁。除权属来源合法、界址清楚、面积准确、无争议的土地予以优先发证外，着力主攻农垦场土地增值潜力大、现实价值大的地块及容易被侵占、流失的地块。

二、红星垦殖场的产业发展

土地确权不仅是为了保护农垦国有土地权益，更是为了显化农垦土地价值，推动农垦现代农业建设。党的十九大提出实施乡村振兴战略，确立了建设“产业兴旺、生态宜居、乡风文明、治理有效、生活富裕”新时代社会主义新农村的总要求。红星垦殖场利用国有土地确权成果，推动农场现代农业产业发展，正是创新土地管理方式、深化农垦改革发展的有益探索：

一是与央企中铁中基（江西）农业管理公司合作，实施“万亩猕猴桃种植基地项目”，打造猕猴桃专利品种产业带，建立一产种植园，二产加工区，三产交易平台和特色农业旅游，实现一二三产业融合发展，打造猕猴桃“科教小镇”。目前，项目核心区土地流转工作已基本完成，落实流转资金4600万元。

二是积极实施“高标准基本农田建设”项目。利用确权成果引导农民通过平整土地、互换并地、小块并大块等方式，实行连片耕作，既方便农民耕种，又提升土地经营效率，推动确权经济效益和社会效益最大化。目前，已建设高标准基本农田3700亩。

三是组建红星农垦投资公司，在推进农垦土地资源资产化和资本化过程中，加强对国有土地资产的专业化管理。目前，红星垦殖场已先后用土地资产入股的方式参股星果农业合作社、江西制盛生态科技开发公司、东乡县蓝农农业开发公司、江西竹海农业发展有限公司等特色农业开发企业。通过建立混合制经济吸纳社会各种资金投资农垦，促进农垦农业加快发展。

案例总结：红星垦殖场农垦改革经验

围绕红星垦殖场土地确权成果，农场积极探索、创新农垦经济发展模式，以土地资本注资开发现代农业，有力地推动了星果农业合作社、东乡县蓝农农业开发公司、江西竹海农业发展有限公司等龙头企业上规模、上水平。在江西省农垦办及区委区政府的扶持下，引进央企中铁中基（江西）农业管理公司，投资3.5亿元实施“万亩猕猴桃种植基地项目”，为红星现代农业的发展奠定了坚实的基础。

案例7　恒湖农场发展“稻虾共生”种养模式

摘要：乡村振兴战略是一项全局性、长远性的大战略，如何推动江西省乡村振兴发展是摆在我们面前的重要任务。党的十九大报告明确提出了“产业兴旺、生态宜居、乡风文明、治理有效、生活富裕”的乡村振兴战略方针。习近平总书记指出，要从产业振兴、生态振兴、文化振兴、人才振兴和组织振兴五个方面来抓好乡村振兴战略。显然，“产业振兴”是乡村振兴的前提和关键所在，乡村产业不振兴，乡村治理就缺乏经济基础。江西省是一个农业大省，2017年农业产值达3130.3亿元，在全国排第16位，但农业的科技贡献率为57%，未达到全国平均水平。水稻是江西省农业的主导产业，每亩产值不足3000元，净利润不足1000元。随着粮食保护价不断调低，农业要素成本不断增高，种植水稻的利润空间进一步被压缩。江西省农村产业振兴出路在哪里？农村产业振兴面临的主要障碍有哪些？我们应如何跨越，如何突围？这都需要我们做出回答。为此，江西师范大学课题组考察恒湖农场推进“稻田+小龙虾”立体种养模式，得到了一些重要发现，为回答上述问题提供了有益的启示。

案例内容：如何借鉴恒湖农场经验，跨越乡村振兴障碍

一、江西省乡村产业振兴需要跨越的四大障碍

1. 如何处理粮食保障与种粮经济效益不足之间的矛盾

江西是全国13个粮食主产区之一，以约占全国2.3%的耕地，生产了约占全

国3.5%的粮食和9.8%的稻谷，近年来，每年稻谷外调量达125亿斤左右，为保障国家粮食安全，特别是口粮安全提供了有力支持。2018年，江西省被农业农村部列为首批粮食生产功能区，每年4000多亿斤粮食供给是义不容辞的责任和义务。然而，我国水稻种植效益普遍偏低。据统计，江西省一亩双水稻总产量约2000斤，粮食收购价每斤1.2~1.3元，每亩水稻总产值约2500元左右，扣去各项成本，净利润不足1000元。2018年粮食保护价每斤下降了0.1~0.3元，种植水稻的经济效益将进一步下降。相比较而言，柑橘、药材、花卉等特色农业（这些特色种植每亩产值万元以上，每亩净利润3000元以上）的经济效益比种植水稻要高很多。如何处理粮食供给和经济效益不足之间矛盾，是我们必须面对的难题。

2. 如何处理传统种植方式与农业面源污染之间冲突

党的十八大以来，习近平总书记对江西工作提出“新的希望、三个着力、四个坚持”重要要求。江西省一定要抓住绿色生态这个“最大优势”，奋力打造“美丽中国·江西样板”。毫无疑问，绿色生态农业成为江西省乡村产业振兴发展的主要路径和选择。

实际上，江西省水稻种植方式是一种粗放式生产模式，全省农业面源污染非常严重，大部分农田重金属含量、化学需氧量（COD）严重超标。为此，江西省出台了《江西省到2020年农药使用量“零增长”行动实施方案》等政策举措，严格管控化肥、农药的使用。2017年，江西省化肥施用总量较上年下降3%以上。毋庸置疑，江西省农业面源污染趋势得以遏制，但如果农业生产模式不改变，土壤肥力和土壤品质不可能得到根本好转。因此，我们必须尽快探索一种可大面积推广的生态农业模式，即在生产绿色农产品同时，修复土壤，使经济效益和生态效益有机统一。

3. 如何促进农业先进技术对小户生产方式的改造

近年来，江西省新型农业经营主体数量不断增加。截至2017年9月，全省依法登记注册农民合作社突破6万家，其中国家级示范合作社309家、省级示范合作社1000家、市级示范社1642家；家庭农场3.2万个，其中省级示范农场500个；社会化服务社组织突破10万个。但江西省新型农业经营主体总体素质还不高，生产规模普遍偏小，农业生产经营方式比较粗放，缺乏科学生产、标准作业基本理念。大部分农业经营主体吸收新思想、新理念的意识不强，如何促进先进农业技术在农业生产中扩散，是对传统农业生产方式进行改造的关键环节。当前，江西省大量的农户和新型经营主体还没有有效地组织起来，农业生产者在与现代农业技术服务企业对接过程中还存在许多障碍，提升乡村产业竞争力必须跨越这一障碍，这也是我们必须要思考的重要问题。

4. 如何有效避免“农业增产农民不增收”的悲剧发生

近年来，江西省农村居民人均可支配收入持续增长，2017年增幅高于城镇居民0.8个百分点。但农村居民人均可支配收入只有12138元，总体水平偏低，在农民收入构成中，务工收入超过50%，农业收入占比不足30%。从长远来看，要提升农民收入，需要依靠乡村产业振兴，不断增加农民农业收入比重。但由于大部分农产品需求弹性小，“农业增产农民不增收”几乎成为一个经济魔咒。例如，在推进“一村一品”过程中，由于农户没有组织起来，出现了“价格战”，可能导致增产不增收；又如，农业生产过程中遭受自然灾害，但由于缺乏农业保险的有效供给，致使农民收入剧减；再如，农产品供给过量，导致市场饱和，销售困难，产品变质腐烂和农产品价格下行等。如何切实避免此类问题发生，是推进乡村产业振兴发展不可逾越的障碍。

二、恒湖农场乡村产业振兴的经验与做法

恒湖垦殖场坐落于南昌市北郊，鄱阳湖畔围垦面积达60余平方公里，良田面积为5.5万亩，场内沟渠纵横，土质肥沃，是传统水稻种植区。近年来，水稻价格一路下行，农业经济效益一路下滑，如何依托自身资源优势进行农业供给侧改革和实现产业振兴是摆在恒湖农场面前的重大任务。2016年，在恒湖农场党委的指导下，该场通过大力发展稻虾综合种养模式，闯出了一条新路子。其发展历程颇为坎坷，发展经验弥足珍贵，具体如下：

1. 通过发展“稻田+小龙虾”模式，缓解了粮食供给与经济效益不足之间的矛盾，也为解决农业面源污染问题提供重要思路

要实现农场产业振兴，首先是选择好主导产业及生产模式。恒湖农场的优势产业是种植水稻，但水稻价格持续下行怎么办？通过考察、调研和比较分析，恒湖农场选定“稻田+小龙虾”发展模式作为产业振兴的突破口。“稻田+小龙虾”种养模式，本质是“稻虾连作”的生产方式，即利用冬闲田（当年收割完水稻后至第二年6月）养殖小龙虾，收获完小龙虾后再进行水稻直播（机插）。“稻虾共生”模式实现了水产品及水稻双收，具体如下：

其一，该模式确保了粮食供给，极大地提高了经济效益。2017年11月6日，

江西省渔业综合项目组（虾稻）组织专家综合测产测评结果表明，水稻每亩产量436公斤，与传统水稻种植每亩产量530公斤相比，其产量下降了94公斤。但由于“稻虾连作”模式中化肥、农药使用量减少70%，其生产成本由980元/亩下降到300元/亩，其收益由700元/亩提高到900元/亩。“稻虾连作”模式中，稻米品质更好，如果按高出30%的普通价格核算，其每亩水稻收入可达1200元左右。测评结果还表明，小龙虾平均亩产量达185斤，单体最大重量为118.6克，最小体重为16.2克，平均重量达34.7克，养殖成活率达68.4%。按照20元/斤的收购价，每亩小龙虾产值为3700元左右，减去养殖成本1800元（包括苗种、饲料、调水等费用），净利润为1900元。因此，“稻虾共生”模式中，水稻收入和小龙虾两项总产值可达到5000元/亩左右，纯收入可达2000～3000元/亩，远远高于水稻种植收入。专家组一致认定为，稻虾综合种养不仅实现了稳粮的目标，而且通过“一水两用，一田双收”，极大地提高了其经济效益。

其二，该模式改良了土壤环境，提供了安全优质的农产品。稻渔综合种养是一个以渔促稻、以稻养渔的“稻渔共生”的生态循环系统，实现了水稻与渔产品优势互补的有机结合。在稻渔生态系统中，水稻为渔产品提供了良好的栖息环境，水草、有机质、水生昆虫、底栖生物又可作为鱼、虾、蟹类水生动物的天然饵料；渔产品可以疏松水稻根系土壤，其排泄物又为水稻提供了有机肥料，可有效地改良土壤结构，提高水稻产品质量、改善大米品种。同时，水稻采用生物、物理等生态防治方法防治病虫害，可大量减少化肥、农药的使用，有效地减少了农业面源污染。经测算与评估，江西省稻渔综合种养水稻种植，化肥的使用量可减少65%以上，农药使用量可减少70%以上。由于稻渔综合种养实现了物质循环利用，形成了良好的生态有机体，确保了稻渔产品的质量安全。

2. 构建“省农垦办＋农垦场＋稻虾种养大户＋专业服务公司”合作模式，促进农业生产者与现代农业技术服务企业的有效对接，提升了产业竞争力

主导产业确定之后，关键是如何提升其竞争力。显然，能否吸纳先进技术是关键。2014年，恒湖春晓稻蛙合作社尝试养殖了40亩小龙虾，采用传统方式养殖，小龙虾死亡率非常高，亏损严重。时任副场长李浩元向江西省农垦办领导汇报寻求帮助，获得了养殖专家的支持。实地调查发现，春晓稻蛙合作社失败的根本原因是种养户缺乏先进的“稻虾共生”种养技术。2015年，江西省农垦办组织恒湖农场的干部职工到湖北省潜江市取“真经”，学习稻虾综合种养技术。2015年有10位职工进行了“稻虾共生”模式的养殖，开挖面积400余亩，当年每亩增收800~1000元。2016年，恒湖农场继续扩大规模，开挖稻虾综合养殖面积3000余亩，养殖户发展到了46户。2017年，稻虾综合养殖开挖面积达8000余亩，养殖户发展到140户。

实际上，“稻虾共生”种养技术比较复杂，包括种虾放养密度控制、水草种植、螺蛳移殖、春季施肥、饲料阶段性投喂、分段晒田、水稻病虫害防治、药物使用方法等环节。其中，养殖密度是一项关键技术，有的专家建议多放些苗，但也有专家建议少放苗。由于利益驱动，种苗厂的技术推广员常常诱导养殖户增加密度，实际上给养殖户带来了巨大的经济损失。也有种养户大量使用农药化肥，使得主渠道水域氨氮、农药等水体指标严重超标，导致小龙虾大量死亡。

如何促进先进的“稻虾共生”技术在江西省农业种养户中推广，是提升“稻虾共生”产业模式竞争力的关键。江西省农垦办积极筛选“稻虾共生”的专业技术服务企业，并积极推荐给农场“稻虾共生”种养户。一开始，种养户对“稻虾共生”先进技术缺乏信心，不愿意接受。而专业技术服务公司也不愿意为个别种养户提供服务。如何处理这一难题？江西省农垦办和恒湖农场积极组织种养户集中3000亩种养面积，每亩技术服务费为100元，构建“省农垦办+农垦场+稻虾种养大户+小龙虾养殖技术专业服务公司”四方参与模式，促进农业生产者与现代技术服务企业有效对接。由于接受技术服务公司全程“保姆式”指导，2018年种养户龙虾产量提高了30%，高规格龙虾产量提高了40%，种养户龙虾收益每亩提高了1000元，参与技术指导的种养户没有出现养殖突发死亡事件，恒湖“稻田+小龙虾”种养模式展现出巨大的产业竞争力。

3. 大力帮扶恒湖种养户打响“恒湖稻虾”品牌，不断拓展市场，极大地提升了农业生产者的收入

为打响“恒湖”牌小龙虾，江西省农垦办联系江西卫视“稻花香里”栏目组，专门制作一期恒湖农场发展小龙虾的节目，该节目详细地介绍了恒湖农场发展“稻田+小龙虾”种养的模式，为推广恒湖小龙虾发挥了重要作用。节目播出后，各地客商纷纷前来订购小龙虾。同时，恒湖农场还推出“稻虾生态米”。由于“稻虾共生”系统不断改善生态环境，“稻虾生态米”品质得到了客商和消费者认可。为拓展市场，江西省农垦办为恒湖农场经营户牵线搭桥“南昌创业商会”，南昌市商会经营的“红谷滩秋水广场台湾美食街”又专门开辟“小龙虾”特色街，从根本上解决小龙虾的销路问题。恒湖农场与“南昌创业商会”共同举办“吃小龙虾争霸赛”，并邀请电视台进行直播，使恒湖农场“稻田+小龙

虾”立体种养模式的知名度不断提升，为有效避免“农业增产农民不增收”悲剧的发生打下了坚实的基础。

我们还应看到，恒湖农场“稻虾共生”模式还处于发展起步阶段，“农业增产农民不增收”保障体系不健全。今后，恒湖农场需要与保险公司合作，大力开发“稻虾共生”农业保险；要大力构建国家级和省级小龙虾良种基地；还要积极申报“稻虾共生”地理保护标志和构建品牌保护体系，并构建小龙虾加工基地等。

案例思考：力促江西省乡村产业振兴的三点建议

一、因地制宜，大力推广“稻渔共生”种养模式

江西省是粮食主产区，探索以粮食生产为主体的生态农业模式，有着重要价值和意义。显然，“稻渔共生”种养模式是江西省实现稳粮、优供、增效多元目标的重要选择。实际上，“稻虾共生”是“稻渔共生”模式中的一种具体模式。江西省应该根据实际情况，因地制宜地探索多种稻渔综合种养模式。

（1）滨湖地区：江西省滨湖地区水资源丰富，稻田连片面积大，是一季稻主产区，特别适宜稻虾综合种养。因此，要在彭泽、都昌、余干、万年等鄱阳湖区的重点县建立各自稻虾综合种养核心区和示范区，通过核心示范，大规模推进稻虾综合种养。

（2）丘陵山区：江西省丘陵山区田块不规整，连片面积小，以种植中稻为主，受水资源限制，特别适合发展稻鳖、稻鳅等综合种养模式。可在南丰、余江、乐平、赣南等地建立稻鳖、稻鳅综合种养核心区，不断推广、示范、扩张立体种养面积。

（3）库区盆地：江西省库区盆地要求稻田具备相对集中连片的优势，可重点发展“稻鳅（鳝）共作”“稻鳖共作”、莲田综合种养等技术模式。

二、牵线搭桥，促进先进技术对传统农业的改造

随着农业供给侧改革不断深入，许多新型农业生产模式（如“稻田＋小龙虾”“稻田＋泥鳅”“稻田＋鳖”“稻田＋菇”“林果＋中草药”“林＋雷竹”“林果＋鸡”等）不断涌现，如何为新型种养模式提供先进的耕种技术、栽培技术、病害防治技术是这些产业模式走向成功的关键。必须承认，江西省公益性农业技

术服务机构对市场需求的敏感性不强，很难第一时间提供新技术。因此，利用现代农业科技服务企业改造小农生产是提升江西省农业生产技术水平的重要路径和选择。但是，江西省的小农经营与现代农业技术服务企业之间还存在一系列对接障碍，这需要政府进行牵线搭桥，具体如下：

1. 要选择优秀的技术服务企业

现代农业技术服务企业数量较多，良莠不齐。相对来说，政府官员比普通种养户具有更全面的知识结构，能够从全局角度，选择最有利的农业种养技术提供商。如在帮扶恒湖农场发展“稻虾共生”中，江西省农垦办组织专家认真选择现代农业技术服务企业，选择优秀的技术服务企业，为该产业模式的健康发展打下了坚实的基础。

2. 要创新牵线搭桥机制

由于农业生产者与现代农业技术服务企业之间存在认识偏差和利益冲突，迫切需要政府主管部门进行牵线搭桥。如在恒湖农场推进“稻田+小龙虾”模式中，构建了“省农垦办+农垦场+稻虾种养大户+小龙虾养殖技术专业服务公司”四方参与模式，促进农业经营主体与企业的有效对接。

3. 要建立农业生产试验基地

要大力支持农业生产试验基地建设，在此基础上开展研究，并逐渐形成生产技术标准体系，并进行大力培训和推广。

三、层层推进，不断构建“农业增产农民增收”的保障体系

（1）农产品保险体系：我国农业保险已经形成“中央保大宗、地方保特色”的基本格局。水稻等大宗农产品已经被纳入到农业政策性保险范围内。但“稻田+下龙虾”“稻田+泥鳅”“稻田+鳖”“稻田+菇”“林果+中草药”“林+雷竹”“林果+鸡”等高质量立体生态农业模式并没有被纳入政策性农业保险的范畴。建议由江西省农业部门牵头，联合银保监会、林业厅、财政厅等多个部门，成立高质量生态农业领导小组，向银保监会申请构建生态产业政策性保险支持。并借鉴江西省南丰蜜橘气象指数的经验，尽快探索生态农业政策保险补贴模式。

（2）生态农业品牌体系：第一，积极申报鄱阳湖滨湖区“稻虾共生”或赣南山区“稻蟹共生”地理保护标志，不断提升其品牌知名度和影响力。第二，要运用“互联网+”，建立从“田头”到“餐桌”的多部门协同监控机制，不断

完善生态农产品追溯机制。要选择一些条件较好的水稻生产专业大户、家庭农场或合作社试点，参与“互联网＋稻渔”试点建设。

（3）农产品加工业体系：当特色农业到达一定规模时，要积极引入和建设农产品加工企业，从而降低新鲜农产品的市场风险。在“水稻＋小龙虾”集中生产区，支持建设小龙虾加工厂。在脐橙、蜜橘、莲子、油茶主产区，要布局相应的加工企业，促进一二三产业融合发展。

（4）农产品营销网络体系：主管部门要利用其社会网络资源为农业生产者搭建销售网络，如促进农业生产者与超市对接，或与大型农产品批发商对接，或搭建电商平台，不断减少中间环节，形成多层次和多结构的农产品营销网络体系。有条件的地区，可构建专业性特色农产品交易中心。

参考文献

［1］江泰．新一轮农垦改革发展形势下广东农垦创新土地管理方式的实践与探索［J］．广东农工商职业技术学院学报，2016，32（3）：6－10.

［2］江泰．做好顶层设计　稳步推进农垦改革发展［J］．中国农垦，2016（2）：30－34.

［3］詹逢春，罗海波．增强农垦内生动力、发展活力和整体实力——新一轮海南农垦改革实践启示［J］．新东方，2017（2）：74－77.

［4］陈学军．五关键词透视农垦改革重点——对湖北农垦改革的思考［J］．农场经济管理，2015（15）：23－25.

［5］张韵声．以新的发展理念引领农垦改革——以海南农垦为例［J］．中国党政干部论坛，2016（4）：101－103.

［6］王曙光，呼倩．中国农垦体制改革目标设定与路径选择研究——基于双重功能结构的视角［J］．社会科学辑刊，2018（4）：2＋141－152.

［7］王岩．黑龙江农垦体制创新思路及改革路径研究［J］．新疆农垦经济，2016（4）：14－17.

［8］穹平．新改革　新突破　新农垦［N］．海南日报，2015－07－22（A01）．

［9］熊晓晓．变“扶贫”为“扶智”——第五届中国贫困地区可持续发展战略论坛综述［J］．北大商业评论，2015（10）：42－49.

［10］董向芸．结构功能主义与内卷化理论视阈下云南农垦组织改革研究［D］．南开大学博士学位论文，2012.

［11］李恩树．厉以宁．农垦改革核心在于双层体制建设［J］．中国农垦，2016（1）：20－23＋33.

［12］尤飞，李红梅．新时期农垦改革问题研究［J］．开发研究，2010

(5): 21 -24.

[13] 范志明. 农垦国有土地资源资产化资本化研究 [J]. 中国土地, 2015 (10): 30 -32.

[14] 郑有贵. 我国农垦体制改革回顾与辨析——以黑龙江、海南两省为例 [J]. 中国经济史研究, 2004 (4): 43 -51.

[15] 许开峰. 改革攻坚, 北大荒再出发——黑龙江农垦加速推进“两化一改革”纪实 [J]. 中国农垦, 2018 (3): 8 -12.

[16] 王炳程. 新中国以来农垦制度的改革与创新研究 [D]. 吉林大学博士学位论文, 2016.

[17] 张敬石, 刘云菲, 李万明. 新常态下中国农垦发展与改革的思考 [J]. 新疆农垦经济, 2015 (8): 8 -13.

[18] 杨向奎. 中国屯垦史 (上、中、下) [M]. 北京: 农业出版社, 1990.

[19] 杨振华. 市场经济与屯垦戍边 [M]. 乌鲁木齐: 新疆人民出版社, 1997.

[20] 张林池. 当代中国的农垦事业 [M]. 北京: 中国社会科学出版社, 1986.

[21] 魏克佳, 陈生斗. 农垦经济体制改革与发展研究——2005 年全国农垦经济理论研究论文集 [M]. 北京: 中国农业出版社, 2006.

[22] 韩乃寅. 黑龙江垦区发展简史 [M]. 哈尔滨: 北方文艺出版社, 2002.

[23] 杨杜, 刘斌. 变革之舞: 海南农垦复兴之道 [M]. 北京: 清华大学出版社, 2010.

[24] 李隆伟, 许能锐. 海南农垦改革与发展思路研究 [J]. 新疆农垦经济, 2012 (9): 45 -50.

[25] 陈进. 农垦改革发展中值得关注的几个问题——贯彻落实中央农垦改革发展文件的几点建议 [J]. 中国农垦, 2016 (3): 15 -19.

[26] 程志强. 新常态下农垦地区改革与可持续发展 [J]. 农场经济管理, 2015 (11): 14 -18.

[27] 罗利华. 张仲瀚与中国农垦事业探析 [J]. 兵团党校学报, 2013 (6): 66 -71.

［28］程德泉．中国农垦：农业“国家队”［J］．国家人文历史，2013(17)：84－87.

［29］廖周．新中国农垦史研究综述［J］．中共银川市委党校学报，2013(2)：39－42.

［30］贾大明．推进我国农垦体制创新与经济发展的战略思考［J］．福建论坛（人文社会科学版），2011（3）：18－23.

［31］杨文利，郑珺，潘娜．国有农垦企业在国家农业发展和粮食安全方面的战略地位——北大荒发展历史与现状调查［J］．当代中国史研究，2013（1）：102－111.

［32］陈永希．海南农垦管理体制改革的若干问题［J］．中国热带农业，1993（2）：29－32.

［33］马俊哲．关于农垦管理体制改革的若干思考［J］．农场经济管理，1999（6）：8－10.

［34］贾大明．关于我国农垦系统改革发展问题的思考［J］．农场经济管理，2007（3）：25－26.

［35］李隆伟，许能锐．海南农垦改革与发展思路研究［J］．新疆农垦经济，2012（9）：45－50.

［36］李秋映．农垦集团薪酬制度改革的思路和对策——以广西农垦集团有限责任公司为例［J］．改革与战略，2014（4）：58－62.

［37］李书卷．毛泽东屯垦思想研究［M］．乌鲁木齐：新疆人民出版社，2000.

［38］方丽槐，桂平雄．对农垦企业改革的几点理性思考［J］．中国热带农业，2001（5）：16－18.

［39］臧得顺．农地产权制度的经济社会学分析——基于鲁、鄂四个村落的实地调查［D］．中国社会科学院研究生院博士学位论文，2010.

［40］张军东．湖北省将进一步深化国有农场体制改革［J］．中国热带农业，2003（10）：16－19.

［41］李万奎，于靖媛，赵爱华．关于辽宁农垦企业产权制度改革的探讨［J］．中国农垦经济，2004（9）：14－16.

［42］范芝．云南农垦管理体制改革迈出重大步伐［J］．中国热带农业，1997（2）：22－25.